Mer Méditerranée
Mont Carmel
Capharnaüm
Tibériade
Mer de Galilée
Nazareth
Mont Thabor
GALILÉE
Césarée
Mer Méditerranée
SAMARIE
Mont Ebal
Mont Nablus
Mont Garizim
Le Puits de Jacob
Joppé
Le Jourdain

La vie de Jésus

Norman
J. Bull

Adaptation française de
Marie-Élisabeth Rouvières

Illustrations de Mike Codd

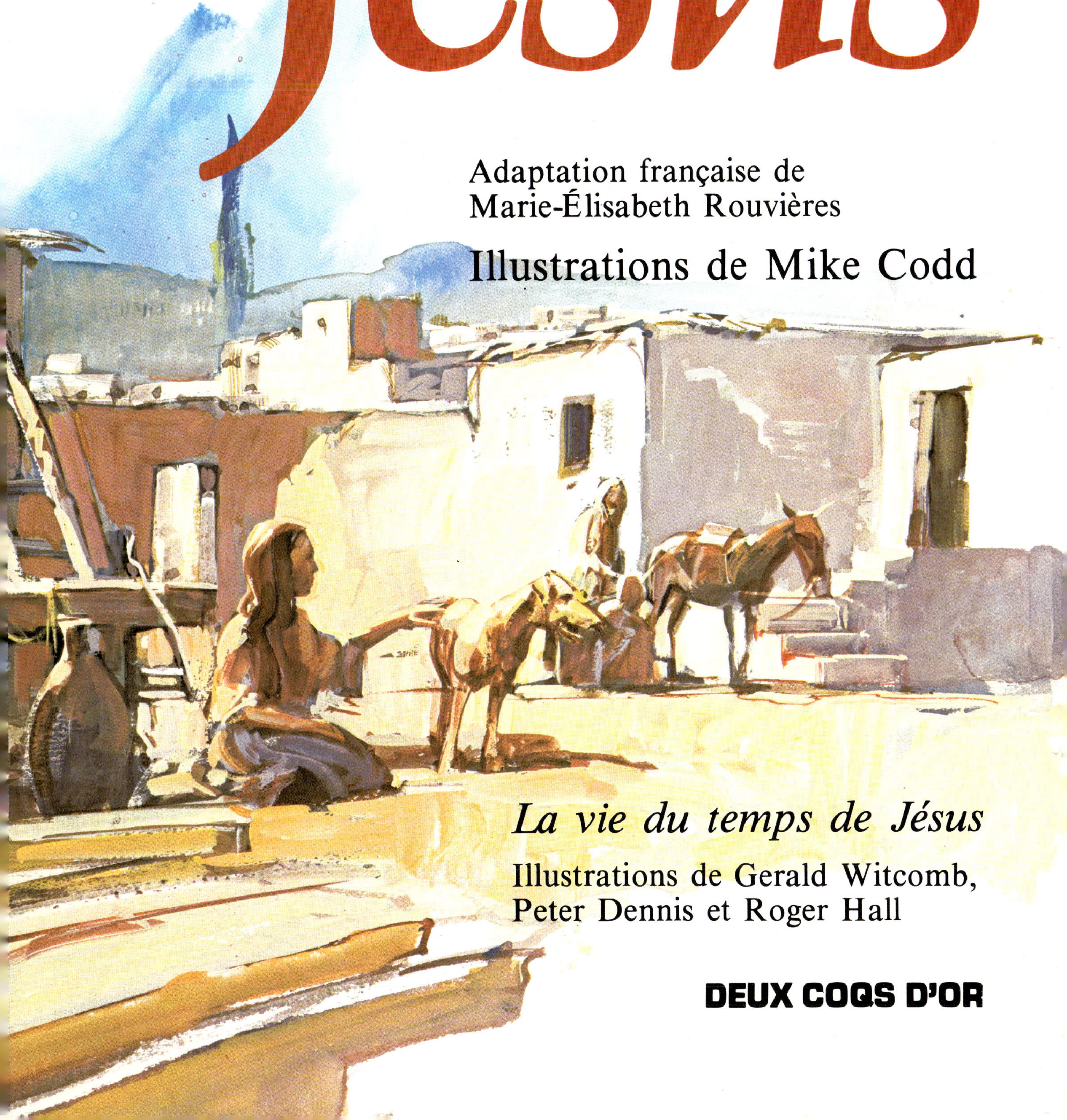

La vie du temps de Jésus

Illustrations de Gerald Witcomb,
Peter Dennis et Roger Hall

DEUX COQS D'OR

Introduction

Jésus a vécu il y a presque deux mille ans dans un pays pauvre, occupé par les Romains et où l'existence était toute imprégnée de l'ancienne religion héritée de Moïse. A cette époque, les garçons allaient à l'école à la synagogue apprendre à lire les Saintes Écritures, les filles restaient à la maison à faire cuire les pains d'orge ou à tisser la laine des moutons avec leurs mères. Les voyages se faisaient à pied, souvent même pieds nus, ou à dos d'âne. Chaque famille se rassemblait le soir autour d'un plat unique où chacun se servait directement avec ses doigts.

Tout cet univers s'anime dans ce livre. La première partie raconte ce que Jésus a fait et ce qu'il a dit. Les personnages des histoires qu'il racontait, les paraboles, désignés dans l'Évangile comme "un certain homme", ou "le plus jeune fils" ont ici reçu un nom pour être plus vivants. La seconde partie apporte les renseignements nécessaires pour se figurer le cadre dans lequel l'histoire de Jésus s'est passée.

Les hommes et les femmes qui ont aimé ou détesté Jésus nous deviennent familiers. Il nous est plus facile de comprendre comment il a pu être condamné à mort et crucifié.

Les paraboles ne sont pas aussi simples qu'elles en ont l'air. Elles ont un sens caché. Seuls ceux qui ont "des oreilles pour entendre" comme disait Jésus peuvent saisir le message qu'elles renferment. Ce livre peut vous y aider. Et, s'il vous donne envie de lire les Évangiles dans le Nouveau Testament, il aura atteint son but.

NIHIL OBSTAT C. Chopin
Paris, le 28 novembre 1980
IMPRIMATUR P. Faynel v. é.
Paris, le 28 novembre 1980

Le Nihil Obstat et l'Imprimatur signifient simplement que l'ouvrage ne contient ni erreur doctrinale ni erreur morale. Ils garantissent une certaine conformité matérielle avec le texte original de l'Ancien et du Nouveau Testament, sans préjuger de l'interprétation indispensable pour une bonne compréhension du message biblique.

ISBN 2-7192-0018-2
Édition originale : ISBN 0-600-35267-6
The Hamlyn Publishing Group Limited, England.

Titre original: The Story of Jesus
L'éditeur remercie Majorie Quennel de l'avoir autorisé à s'inspirer de deux de ses illustrations parues dans l'ouvrage intitulé: "*Everyday Life in New Testament Times*" publié par B.T. Batsford Ltd.

Sommaire

La naissance de Jésus

Joseph et Marie vivaient il y a deux mille ans au pays d'Israël. Ils habitaient à Nazareth, une petite ville nichée entre les collines de Galilée. Israël, le pays des Juifs, avait été envahi par les Romains et faisait partie de leur puissant empire. Les Juifs haïssaient les Romains. Certains essayaient de libérer leur pays par la violence. Les Juifs pieux, comme Joseph et Marie, mettaient tout leur espoir en Dieu. Ils attendaient qu'il leur envoie un Sauveur qui rétablirait la paix et la justice en Israël. Joseph était charpentier. Il fabriquait des meubles, des jougs, des charrues et des charpentes pour les maisons. Il était fiancé à Marie. Après une année de fiançailles, ils devaient se marier. La noce durerait une semaine, puis, ils s'installeraient tous les deux dans la maison de Joseph. Or, longtemps avant la date qui avait été fixée pour le mariage, Dieu révéla à Marie qu'il l'avait choisie entre toutes les femmes pour être la mère du Sauveur. Et Marie se réjouit de pouvoir servir Dieu d'une façon aussi extraordinaire. Joseph fut troublé quand il apprit que Marie attendait un enfant. Mais, une nuit, Dieu lui parla au moyen d'un rêve. Il sut que Marie avait été choisie pour être la mère du Sauveur. Alors, il la bénit et la prit auprès de lui. Joseph et Marie attendirent ensemble la venue de l'enfant dans la joie.

Marie était sur le point de mettre son enfant au monde lorsque Joseph dut entreprendre un grand voyage. César Auguste, l'empereur romain, venait d'ordonner qu'un recensement ait lieu dans cette partie de son empire. Tous les quatorze ans, les Romains comptaient les habitants des pays qu'ils occupaient de façon à pouvoir fixer le montant des impôts. Chacun savait à quoi servait le recensement et détestait s'y soumettre. Cela était d'autant plus désagréable qu'il fallait retourner se faire inscrire sur les listes de la ville dont on était originaire. Joseph appartenait à la tribu du grand roi David qui avait vécu tout au sud du pays. Il fallait donc qu'il parte pour Bethléem, l'ancienne ville de David, à cent quarante

kilomètres de Nazareth.
Le nom de Bethléem signifie "Maison du pain" car sur les terres environnantes poussaient du blé servant à faire du pain. La petite ville s'étendait entre les collines, à huit kilomètres au sud de Jérusalem. Des petites rue étroites serpentaient entre ses maisons blanches serrées les unes contre les autres. Quand Joseph et Marie y arrivèrent, elles étaient plus encombrées que jamais car de nombreux descendants du roi David étaient déjà rassemblés dans leur ville d'origine. Une des maisons avait été transformée en auberge, mais elle avait vite été remplie de voyageurs qui s'installaient, déroulant leurs matelas les uns à côté des autres. Joseph était inquiet. Il réfléchissait tout en guidant l'âne sur lequel Marie voyageait. Il fallait trouver un endroit où Marie puisse se reposer.
L'aubergiste avait des manières rudes mais, en voyant que Marie attendait un bébé, il eut pitié d'elle.
"Pas de place à l'auberge ! dit-il, mais si vous voulez vous installer dans l'étable, vous y trouverez de la paille fraîche en quantité."
L'étable était une grotte creusée dans la pierre sous l'auberge. Il y avait là les ânes des voyageurs et les bœufs de l'aubergiste. Il y faisait chaud et Joseph installa un lit pour Marie dans la paille. Et c'est là que, loin de sa maison de Nazareth, elle mit au monde son fils premier-né. Comme Dieu le lui avait ordonné, elle l'appela Jésus, ce qui veut dire *Dieu nous sauve*.
Suivant la coutume de cette époque, le bébé fut frictionné avec du sel pour lui fortifier la peau, puis emmailloté dans un lange et enroulé dans de fines bandes de tissu bien serrées. Une mangeoire de pierre remplie de paille fraîche lui servit de berceau.
Les bœufs et les ânes furent d'abord seuls à accueillir le Sauveur nouveau né, mais bientôt des visiteurs arrivèrent.

Aux environs de Bethléem, des bergers veillaient, protégeant leurs troupeaux. Pour la nuit, ils avaient l'habitude de rassembler leurs bêtes à l'intérieur d'un parc à moutons construit en pierres et de s'allonger en travers de l'ouverture afin d'empêcher les bêtes sauvages d'entrer. Il y avait encore des chacals et des renards sur les collines à cette époque.
Les bergers somnolaient en regardant les étoiles scintiller dans le ciel clair. Soudain une vive lumière illumina la nuit. En même temps, une voix se fit entendre : "Rassurez-vous, car je vous annonce une grande joie, disait-elle. Aujourd'hui, dans la cité de David, un Sauveur vous est né. Vous le reconnaîtrez à ce signe : c'est un nouveau-né emmaillotté et couché dans une mangeoire." Les bergers étaient stupéfaits. Quand la voix se tut, une troupe d'anges envahit le ciel faisant de la musique et chantant : "Gloire à Dieu au plus haut des cieux et paix sur la Terre aux hommes qu'il aime." Puis la musique cessa, la lumière disparut, les chants

s'arrêtèrent. Les bergers étaient seuls dans la nuit. Ils se regardèrent avec perplexité. "Qu'est-ce que cela veut dire ? demanda l'un. — Allons à Bethléem, répondit l'autre. Nous verrons bien. — Oui ! Allons-y ! "approuvèrent les autres. Ils obstruèrent l'entrée du parc à moutons avec des branchages et se hâtèrent vers Bethléem. Ils virent de la lumière filtrer sous la porte de la grotte, sous l'auberge du village. Alors, ils entrèrent. Entre Joseph et Marie, parmi les bœufs et les ânes, l'enfant dormait dans la mangeoire. Les bergers s'approchèrent et se prosternèrent, pleins de ferveur.

Au même moment, dans la lointaine Perse, des prêtres qu'on appelait des mages scrutaient le ciel toutes les nuits. Eux aussi, comme les Juifs, attendaient la venue d'un Sauveur. Ils savaient qu'un signe leur serait donné dans les étoiles. Et, une nuit, parmi toutes celles qu'ils connaissaient, ils virent apparaître une étoile nouvelle. Ils comprirent que les temps étaient venus : l'étoile allait les guider vers l'envoyé du ciel. Les mages pensaient trouver au bout de leur voyage un puissant souverain, aussi préparèrent-ils tout ce qu'ils connaissaient de plus précieux pour le lui offrir en hommage. Trois d'entre eux se mirent en route, abandonnant tout pour suivre l'étoile. Leur caravane de chameaux traversa jour après jour le désert d'Arabie, suivant l'ancienne route des marchands d'encens.

L'étoile les mena à Jérusalem. Là, ils se renseignèrent. "Où est le roi des Juifs qui vient de naître ?" demandèrent-ils. Le roi Hérode qui gouvernait les Juifs ressentit de vives inquiétudes en entendant dire que des mages venus d'Orient cherchaient un nouveau roi pour aller lui rendre hommage. Il rassembla les prêtres du Temple et s'enquit de l'endroit où devait naître le Sauveur annoncé par les prophètes. "A Bethléem, selon les Saintes Écritures", répondirent les prêtres.

Hérode convoqua les mages et leur dit en secret : "Allez à Bethléem, vous trouverez votre nouveau roi. Mais au retour, venez me dire ce que vous aurez vu, que j'aille moi aussi lui rendre hommage."

Les mages suivirent l'étoile jusqu'à Bethléem. Au-dessus de l'auberge, elle s'arrêta. Les mages étaient au bout de leur voyage. Ils s'agenouillèrent devant Jésus et l'adorèrent. Ils lui offrirent leurs cadeaux. Le premier avait apporté de l'or, le second de l'encens, une précieuse résine qui servait à parfumer les sainte huiles et, le troisième, de la myrrhe, un aromate qui servait à embaumer les morts.

Puis, les mages reprirent la route pour rentrer dans leur pays. Mais, prévenus par un rêve que Dieu leur avait envoyé, ils évitèrent de passer par Jérusalem pour ne pas revoir Hérode.

Joseph et Marie repartirent pour Nazareth. En chemin, ils s'arrêtèrent à Jérusalem, la ville

sainte des Juifs, pour présenter Jésus au Temple. C'était une cérémonie importante pour une famille juive : le premier-né était amené au Temple et offert à Dieu.
Or, il y avait à Jérusalem un vieil homme nommé Siméon, à qui Dieu avait promis de le maintenir en vie jusqu'à ce qu'il ait vu le Sauveur. Poussé par une inspiration divine, il vint au Temple quand Joseph et Marie y amenaient Jésus. Il prit l'enfant dans ses bras, et rendit grâce à Dieu en disant : "Maintenant, Ô Maître, tu peux, selon ta parole, laisser ton serviteur s'en aller en paix." Il avait compris que cet enfant était le Sauveur attendu par Israël. Et il remercia Dieu de l'avoir laissé vivre assez longtemps pour le tenir entre ses bras. Enfin, Joseph remmena Marie et Jésus à Nazareth. L'enfant grandit, faisant la joie de ses parents.

Depuis 2000 ans, la naissance de Jésus est l'occasion, pour les chrétiens, d'une grande fête : c'est Noël. On appelle chrétiens ceux qui croient que Jésus, le Christ, est le Sauveur envoyé par Dieu à l'humanité. En France, Noël est toujours célébré le 25 décembre. Dans certains pays de l'Est de l'Europe Noël est le 9 janvier, et dans d'autres pays, le 19 janvier. Mais l'important est que chaque chrétien se souvienne de l'arrivée de Jésus et qu'il en remercie Dieu.
Marie reste toujours présente dans notre souvenir car elle fut choisie par Dieu pour être la mère de Jésus. Son nom juif, Myriam, signifie *aimée de Dieu*. En grec et en latin il est devenu Maria, ce qui veut dire *La Dame*. C'est pourquoi en français on l'appelle *Notre Dame* et en italien *Madonna*.

L'enfance de Jésus

Par une belle matinée de printemps, Jésus était assis au sommet d'une colline, non loin de chez lui. Il avait l'impression de dominer le monde entier. Tout en bas, s'étendait la petite ville de Nazareth. Loin dans la direction du nord, il pouvait voir le sommet du mont Hermon encore couvert de neige briller au soleil. A l'est, le Jourdain serpentait dans sa vallée et la mer de Galilée luisait comme un miroir. Vers l'ouest, la vue s'étendait jusqu'au mont Carmel qui se dressait devant la grande mer, la Méditerranée. C'est vers le sud qu'il y avait la vue la plus intéressante pour Jésus. Dans cette direction il surplombait la belle voie romaine qui traversait tout le pays d'Israël. Il venait souvent s'asseoir sur la colline pour en observer le trafic. Il voyait passer les marchands avec leurs caravanes de chameaux oscillants sous leur lourde charge, les soldats romains faisant sonner leurs pas et cliqueter leurs armes, des gouverneurs et des princes escortés par des hommes à cheval et, parfois, un voyageur solitaire cheminant, un bâton à la main, à côté de son âne. Mais le jour qui commençait allait être exceptionnel. C'était pour Jésus la journée la plus importante qu'il ait jamais connue. Lui aussi partait en voyage. Il avait douze ans maintenant. Il était en âge de prendre la route. Pour la première fois de sa vie il allait quitter Nazareth. Il partait en pélerinage à la ville sainte de Jérusalem.

Bientôt Jésus descendait de la colline, courait à travers les rues et rentrait précipitamment chez lui. En hâte, il revêtit la tunique neuve que Marie, sa mère, lui avait confectionnée pour l'occasion. Dans le coffre où

l'on rangeait les vêtements, il prit aussi sa large ceinture de tissu et se la drapa autour de la taille. Joseph et Marie avaient déjà mis leurs plus beaux vêtements pour partir en pélerinage.
Ils prirent tous les trois leur repas du matin : du pain d'orge cuit à la maison par Marie, des olives, des figues et du lait de chèvre comme boisson. Puis ils chargèrent l'âne familial. Il fallait emporter une tente, des matelas, du matériel pour faire la cuisine, des outres d'eau et une grande quantité de nourriture car pour franchir les cent trente kilomètres jusqu'à Jérusalem, on marchait pendant trois jours. Chaque soir, quand la nuit tombait, les voyageurs installaient leur campement. Beaucoup d'autres ânes attendaient patiemment dans les rues de Nazareth. De nombreuses familles partaient en pélerinage à cette époque de l'année. Elles allaient célébrer la Pâque, la fête religieuse la plus importante. Pâque signifie passage. C'est l'occasion pour les Juifs de se souvenir que Dieu les a choisis pour être son peuple, les a arrachés à l'esclavage auquel ils étaient réduits en Égypte et les a conduits en Israël, la terre promise. Du monde entier, les Juifs affluaient vers Jérusalem. Parmi les pélerins, Jésus avait des amis. C'était tous les garçons de Nazareth qui avaient été à l'école avec lui. Les filles restaient à la maison avec leur mère qui leur apprenait ce qu'une femme de cette époque devait savoir, mais les garçons allaient à la synagogue. Les prêtres juifs, les rabbins, leur enseignaient l'écriture et la lecture. Ils déchiffraient les Saintes Écritures, la Bible, qui est l'histoire de Dieu et de son peuple. L'école était obligatoire de six à douze ans, puis les jeunes garçons étaient considérés comme des adultes dignes de prendre place dans la communauté du peuple de Dieu. Ils devaient alors participer au culte, garder les lois sacrées et observer les commandements de Dieu.

Enfin tous les pélerins de Nazareth furent prêts et la joyeuse caravane se mit en route, les ânes disparaissant presque sous les bagages. Les voyageurs restaient groupés à cause des bandits qui, du haut des collines pierreuses, guettaient les passants isolés pour les dévaliser. Quand le soleil atteignit son zénith, les pélerins s'arrêtèrent pour reprendre des forces et se rafraîchir. Ils se reposèrent pendant les heures les plus chaudes de la journée, puis ils reprirent leur route. Ils marchèrent jusqu'à ce que le soleil descende sur l'horizon. Quand il disparut derrière les collines, ils cherchèrent un lieu de camp. Les ânes furent déchargés et nourris. On dressa les tentes. Bientôt les feux de camp étaient allumés et de bonnes odeurs de cuisine s'élevaient dans l'air du soir. Le dîner était le repas le plus important de la journée. Marie avait préparé un ragoût de haricots avec des oignons. Après le dîner, une fois les prières du soir récitées, Jésus se laissa tomber sur son matelas. Mais il était bien trop excité par le voyage pour s'endormir et il se retourna longtemps en pensant à Jérusalem.
A l'aube, les pélerins étaient debout, se hâtant de lever le camp et de prendre le petit déjeuner pour pouvoir franchir la plus grande distance possible avant que le soleil ne devienne brûlant. Maintenant, les familles se mêlaient. Les jeunes marchaient en bande. Jésus avait rejoint ses amis et resta avec eux toute la journée. Marie n'était pas inquiète de ne pas le voir. Les pélerins étaient tous des amis ou des voisins qu'elle connaissait. Il ne pouvait rien arriver à Jésus. La route se dirigeait vers le sud en suivant les méandres du Jourdain. A mesure que les voyageurs traversaient villages et hameaux, de nouveaux pélerins se joignaient à eux. Le soir tombait quand ils atteignirent l'antique cité de Jéricho. C'était une ville où l'eau coulait en abondance et où croissaient les palmiers. Les pélerins y passèrent la nuit, se réjouissant de toucher bientôt au but, la ville sainte de Jérusalem.

Le matin du troisième jour, peu après l'aube, ils gravissaient la route pierreuse, écrasée par le soleil, qui menait à la petite ville de Béthanie, toute proche de Jérusalem. Après Béthanie commençait la partie la plus excitante du voyage. La route descendait en lacets, et les parents avaient prévenu leurs

enfants qu'après un des virages, ils verraient apparaître Jérusalem. Les garçons couraient devant, chacun espérant être le premier à la voir. Enfin, la ville sainte fut là. En face d'eux, dressée sur sa colline, entourée de puissantes murailles, elle les éblouissait de toutes ses maisons blanches inondées de soleil. Tout en haut de la ville le Temple semblait refléter la gloire de Dieu de tous ses marbres et de tous ses ors. Jésus et ses amis restèrent un moment pétrifiés, stupéfaits par tant de beauté. Les ânes clopinaient maintenant en descendant la colline, ils franchissaient un ruisseau et montaient enfin la pente raide qui menait aux murailles de la ville. Le bruit de leurs sabots était couvert par les chants joyeux entonnés par la foule des pélerins. Jésus et ses amis avaient appris ces psaumes à la synagogue et ils les reprenaient de tout leur cœur. Bientôt, ils parcouraient les rues de la ville encombrées de pélerins et se dirigeaient vers le Temple. Ils franchirent en silence les parvis et entrèrent. Là, retentissaient les cymbales et les tambours, les harpes et les trompettes, les chants des chœurs, les psalmodies des prêtres, les alléluia du peuple. Jésus se sentit rempli d'une joie tranquille. Le Temple était la maison de son père. Il était chez lui. Comme Jérusalem était bondée de voyageurs, les pélerins de Nazareth plantèrent leurs tentes en dehors de la ville. Chaque matin, Jésus et ses amis se rendaient au Temple pour écouter l'enseignement des rabbins, les docteurs de la loi. Ceux-ci posaient des questions aux jeunes garçons, s'assurant de leurs connaissances et leur expliquant les Saintes Écritures. Marie et Joseph ne voyaient pas beaucoup Jésus pendant la journée. Ils pensaient qu'en sortant du Temple il restait avec ses amis. Mais souvent Jésus demeurait parmi les rabbins, longtemps après le départ des garçons de son âge. Il questionnait inlassablement les docteurs de la loi, avide d'en savoir toujours plus sur Dieu et s'imprégnant de sa parole.

La fin du pélerinage arriva trop vite. Le jour était déjà venu de reprendre la route. Les pélerins de Nazareth chargèrent leurs ânes, et bientôt leur longue caravane s'ébranla vers Jéricho. Les jeunes marchaient ensemble commentant les évènements du pélerinage, aussi Marie n'était-elle pas étonnée que Jésus ne fût pas avec elle et Joseph.

Mais tout changea quand le soir venu, on commença à planter les tentes pour la nuit, à proximité de Jéricho. "Non, nous ne l'avons pas vu", répondaient les unes après les autres toutes les familles qu'elle interrogeait. Marie était de plus en plus inquiète. Jésus n'était pas dans la caravane des pélerins de Nazareth. Il avait disparu. Joseph et Marie n'avaient plus qu'à rebrousser chemin pour aller le chercher. Au lever du soleil, ils reprirent en toute hâte la route de Jérusalem. Ils interrogèrent tous ceux qu'ils connaissaient dans la ville sainte. Mais personne n'avait vu Jésus. Alors, désespérés, après trois jours de recherches inutiles, Joseph et Marie eurent l'idée d'aller voir au Temple. Peut-être les rabbins sauraient-ils quelque chose. Et ils trouvèrent Jésus installé au milieu du cercle des Docteurs de la Loi, discutant gravement avec eux des Saintes Écritures. Marie fut bouleversée.

"Pourquoi nous as-tu fait cela ? demanda-t-elle à Jésus. Nous te cherchons depuis trois jours."

Et Jésus lui répondit : "Mais pourquoi me cherchiez-vous ? Ne saviez-vous pas que je serai dans la maison de mon père ?"

Mais ils ne comprirent pas ce qu'il avait voulu dire. Il rentra à Nazareth avec eux. Il se conduisit désormais en fils soumis. Avec Joseph, il apprit le métier de charpentier. Il l'aidait dans son atelier. Mais Marie n'oublia jamais ce qui s'était passé à Jérusalem.

Le baptême de Jésus

Quand Jésus approcha de l'âge de trente ans, il sut qu'il était temps pour lui de quitter Nazareth. Jusque-là, il avait fait son travail de charpentier. Pendant des années il avait construit des charrues et des jougs pour les paysans, des coffres et des tabourets pour les gens qui s'installaient, des portes, des fenêtres et des charpentes pour ceux qui se construisaient une maison, mais le temps était venu où il allait devoir travailler pour Dieu. Car Jean-Baptiste s'était mis à prêcher, annonçant l'arrivée du Sauveur. Cousin de Jésus, il avait été consacré à Dieu dès son plus jeune âge par son père, Zacharie. Il vivait en ermite dans le désert, vêtu misérablement d'une peau de chameau et se nourrissant de sauterelles et de lézards. Chaque jour, il venait au bord du Jourdain, à un endroit où les voyageurs traversaient le fleuve à gué. Il apostrophait sévèrement la foule qui l'écoutait. Il menaçait tous ceux qui ne se convertiraient pas d'être "coupés et jetés au feu" comme un arbre qui ne produit pas de bons fruits. Tous ceux qui regrettaient leurs péchés recevaient de lui le baptême dans les eaux du Jourdain. "Qui es-tu ? demandaient-ils à Jean-Baptiste. — Je suis, répondait-il, celui qui prépare les chemins du Seigneur. Celui qui vient derrière moi est bien plus puissant que moi. Je ne suis même pas digne de m'agenouiller devant lui et de défaire le cordon de sa

chaussure. Lui, il vous baptisera avec l'Esprit Saint."
Un jour, Jésus vint écouter Jean-Baptiste. Puis, il descendit dans l'eau pour être baptisé lui aussi. "Pourquoi viens-tu à moi ? demanda Jean-Baptiste. C'est moi qui ai besoin d'être baptisé par toi. — Laisse faire, lui répondit Jésus. Telle est la volonté de Dieu." Et Jean baptisa Jésus.
Puis Jésus partit dans le désert pour se recueillir. Il savait qu'il était le Sauveur promis au peuple de Dieu et que le temps était venu où il devait accomplir sa mission mais il avait à lutter contre l'esprit du mal, celui que les Juifs appelaient *Satan*, ce qui signifie *ennemi*. Dans la solitude du désert, Jésus fut tenté par Satan. Il avait jeûné pendant quarante jours et quarante nuits, ne pensant qu'à prier Dieu son père, lorsque le tentateur vint lui dire : "Si tu es vraiment le fils de Dieu, tu dois pouvoir changer ces pierres en pains !" Jésus avait faim. Faire un miracle lui aurait été facile. Il avait grandi dans un pays pauvre. Il savait quel succès aurait remporté un Sauveur capable de résoudre les problèmes marériels. Mais ce n'était pas cela que Jésus était venu faire sur Terre. Il répondit à Satan par une parole des Saintes Écritures : "*L'homme ne vit pas seulement de pain.*" Car ce n'était pas ainsi qu'il voulait gagner les cœurs. Puis Satan tenta à nouveau Jésus en le transportant en haut du temple de Jérusalem. "Jette-toi dans le vide, lui dit-il. Si tu es véritablement le fils de Dieu, les anges te porteront !"

Beaucoup de Juifs croyaient que le Sauveur viendrait du haut du ciel, descendant comme s'il flottait sur les nuages. Avec quel enthousiasme ils auraient accueilli Jésus s'il était ainsi descendu au-dessus de la foule ! Mais ce n'était pas non plus de cette manière que Jésus voulait attirer les Juifs vers Dieu. Il répondit avec une autre parole des Saintes Écritures : *Tu ne tenteras pas le Seigneur ton Dieu*." La troisième tentation fut la pire. Jésus se trouva au sommet d'une montagne d'où il pouvait contempler le monde entier. Satan dit : "Tous ces royaumes, je te les donnerai si tu te prosternes à mes pieds." Les Juifs étaient soumis à l'occupation romaine. Un Sauveur puissant, placé à la tête de plusieurs royaumes les aurait délivrés. Mais Jésus savait qu'il était venu pour construire le royaume de Dieu à l'intérieur des cœurs. La guerre ne ramène pas la paix. La violence n'entraîne pas l'amour. Alors Jésus répondit à Satan : "Il est écrit, *Tu adoreras le Seigneur ton Dieu, et c'est à lui seul que tu rendras un culte."*

Satan, vaincu, s'éloigna. Jésus avait triomphé de toutes les tentations. Il allait pouvoir commencer la tâche pour laquelle il avait été envoyé sur la Terre : gagner le cœur des hommes à Dieu par l'amour. Jésus allait être rejeté, souffrir et mourir. Mais il aurait montré aux hommes que Dieu les aime.

Jésus choisit ses apôtres

Après son séjour au désert, Jésus retourna à Nazareth. Le jour du Sabbat, le dimanche des Juifs, il se rendit comme d'habitude à la synagogue pour l'office. On lui donna à lire un texte du prophète Isaïe qui annonçait l'arrivée du royaume de Dieu. Une fois le texte fini, il s'assit et parla : "Aujourd'hui, dit-il, s'accomplit devant vous la parole de Dieu. Je suis venu vous annoncer la bonne nouvelle. " Tous dans l'assistance se mirent alors à murmurer : "N'est-ce pas le fils de Joseph le charpentier ? Pour qui se prend-il ?" A la sortie de la synagogue, ils montrèrent le poing à Jésus.
Mais lui ne chercha pas à s'expliquer. "Nul n'est prophète en son pays", dit-il seulement. Il quitta alors Nazareth et n'y revint plus jamais.
Il se mit à parcourir les villes et les villages de Galilée en annonçant que le temps du royaume de Dieu était venu. Bientôt, un certain nombre de gens prirent l'habitude de le suivre. On les appelait ses disciples. Parmi eux, Jésus choisit ses douze apôtres, les douze hommes qui allaient l'aider et qui, plus tard, annonceraient à leur tour la bonne nouvelle. Autrefois, les Patriarches avaient fondé les douze tribus du peuple de Dieu. Les douze apôtres étaient les fondateurs du peuple de Dieu. Jésus ne choisit pas des hommes brillants ou haut-placés. Il alla chercher les quatre premiers parmi les pêcheurs de la mer de Galilée.
S'avançant un jour sur le rivage, il s'adressa à deux frères, André et Simon, qui pêchaient depuis leur barque à quelque distance.

"Venez avec moi, leur dit-il, je vous ferai pêcheurs d'hommes." Ils laissèrent leur filet et suivirent Jésus. Un peu plus loin, deux autres frères, Jacques et Jean, réparaient leurs filets avec leur père, Zébédée. Eux aussi, Jésus les ayant appelés, abandonnèrent tout pour le suivre. Simon, que Jésus appela Pierre, Jacques et Jean semblent avoir été les trois apôtres qui ont le mieux compris Jésus. A Capharnaüm, il fit signe à Matthieu de le suivre. Matthieu qui encaissait les impôts pour les Romains était considéré comme un traître par les Juifs. Il fut si heureux d'être choisi par Jésus qu'il se leva aussitôt et le suivit, abandonnant ses papiers sur son bureau. Un autre apôtre, Simon le Zélé, faisait partie des Juifs patriotes qui reprenaient sans cesse la lutte contre les Romains. Philippe fut amené à Jésus par André. A son tour, il amena un de ses amis, Barthélémy. Puis vinrent Jude, Thomas et un autre Jacques qu'on appela Jacques le Mineur pour le distinguer de Jacques, frère de Jean. Ces onze apôtres étaient tous originaires de Galilée, la province du nord d'Israël. Le douzième apôtre, Judas, venait d'un village de Judée, dans le sud du pays. Jésus s'installa pour quelque temps à Capharnaüm et sa réputation s'étendit. Une foule nombreuse prit l'habitude de le suivre partout car le bruit s'était répandu qu'il guérissait les malades et chacun espérait obtenir un miracle en le touchant. Un jour, voyant la foule, il se retira sur une montagne avec ses apôtres et s'assit. Puis il les regarda et il leur dit :

"Bienheureux ceux qui ont l'Esprit de pauvreté : le royaume des cieux est à eux. Bienheureux ceux qui sont doux : ils posséderont la Terre. Bienheureux ceux qui pleurent : ils seront consolés. Bienheureux ceux qui ont faim et soif de Justice : ils seront rassasiés. Bienheureux les miséricordieux : ils obtiendront miséricorde. Bienheureux ceux qui ont le cœur pur : ils verront Dieu. Bienheureux les pacifiques : ils seront appelés enfants de Dieu. Bieuheureux ceux qui souffrent persécution pour la justice : le royaume des cieux est à eux. Bienheureux serez-vous quand on vous injuriera, qu'on vous persécutera, qu'on dira faussement toute sorte de mal contre vous à cause de moi.

Jésus venait de donner aux apôtres la loi nouvelle qu'il leur fallait suivre pour entrer dans le royaume de Dieu.

Le fils prodigue

Quand Jésus parlait à la foule, il avait l'habitude de raconter des histoires. Ce sont les paraboles. "Un homme avait deux fils", commença-t-il un jour. C'était le début de la parabole du fils prodigue.
Cet homme âgé avait beaucoup travaillé pendant toute sa vie. Il se trouvait maintenant à la tête d'une grande ferme où il faisait pousser du blé, cultivait la vigne et élevait du bétail. Ses deux fils l'aidaient. L'aîné, Simon, était devenu un bon cultivateur. Il travaillait d'autant plus qu'il savait qu'à la mort de son père il hériterait, selon la coutume juive, de toute la propriété. Le second, Jason, était bien différent. Il n'aimait pas le genre de vie que son père lui faisait mener. A la campagne, il s'ennuyait. Il ne pensait qu'à partir en ville. Il savait qu'il hériterait, lui, d'une somme d'argent importante. Un jour, n'y tenant plus, il alla trouver son père et lui dit : "Père, donne-moi la part d'héritage qui me revient." Son père, désespéré de le voir quitter la maison, ne s'opposa pourtant pas aux projets de son fils. Il le laissa libre de son choix. Il lui remit une forte somme d'argent correspondant à son héritage et, les larmes aux yeux, il le regarda s'éloigner sur la route.

Jason frémissait d'impatience en arrivant en ville. Enfin, il allait vivre ! Il commença par mettre tout son argent dans une banque où il pourrait aller le chercher quand il en aurait besoin. Il s'acheta des vêtements à la mode. Il prit l'habitude d'aller aux courses, au stade, au théâtre et aux bains publics suivant la coutume de l'époque.

Pas une minute, Jason ne pensa à gagner de l'argent. Il pouvait toujours aller en prendre à la banque. Il se fit beaucoup d'amis avec lesquels il passait les soirées à boire, danser et chanter. Tous savaient qu'ils pouvaient compter sur lui quand ils manquaient d'argent. Mais un jour arriva où les banquiers lui annoncèrent qu'il ne lui restait plus rien. "Je vais aller en demander à mes amis", se dit-il.

Mais personne ne voulut lui donner le moindre sou. Il chercha du travail pour s'acheter au moins de quoi manger, mais il ne trouva rien. Alors, il sortit de la ville pensant qu'un paysan pourrait l'embaucher puisqu'il connaissait le travail de la terre. Ses vêtements étaient maintenant en guenilles. Il avait faim. Personne ne voulait d'un individu à la mine aussi piteuse. Enfin, un fermier l'accepta comme gardien pour ses porcs. C'était le travail le plus mal considéré, mais Jason avait trop faim pour être difficile. Il avait au moins de quoi manger même si c'était une nourriture gagnée honteusement. Car pour les Juifs le porc était un animal impur réservé à la nourriture des païens. Les Grecs et les Romains en offraient même en sacrifice à leurs dieux. Jamais un Juif comme Jason n'aurait du garder des porcs s'il avait pu faire autrement. Tout en s'occupant de son troupeau, il eut beaucoup de temps pour réfléchir. Il commença à se rendre compte des erreurs qu'il avait faites. "Chez mon père, se disait-il, je mangeais à ma faim. J'étais respecté par les employés de la ferme. Me voici sans abri, sans argent, sans vêtements..." Et il résolut de retourner chez son père.

Celui-ci était sur la terrasse de la maison. Il pensait mélancoliquement à son fils qu'il ne reverrait peut-être plus jamais. Soudain, il aperçut sur la route une silhouette trébuchante qu'il reconnut aussitôt. Son fils bien-aimé qui lui avait tant manqué était de retour ! Il courut à sa rencontre et le serra sur son cœur. "J'ai péché contre le ciel et contre toi, lui dit Jason. Je ne mérite plus d'être appelé ton fils. Mais traite-moi seulement comme un de tes ouvriers." Alors le Père dit à ses serviteurs : "Apportez une tunique neuve pour mon fils. Passez-lui un de mes anneaux au doigt et des sandales aux pieds. Tuons le veau gras et festoyons, car mon fils était mort et le voici en vie parmi nous !" Le fils aîné était aux champs quand son frère revint. Le soir, en rentrant vers la maison, il entendit de la musique et des chants. "Que se passe-t-il ? demanda-t-il à un serviteur. — C'est ton frère qui est de retour, répondit le serviteur. Ton père a organisé une grande fête en son honneur." Simon entra alors dans une violente colère. Le serviteur courut annoncer l'arrivée de Simon à son père. "Va le chercher, dit le père. Qu'il vienne prendre place à table ! — Jamais, hurla Simon, je n'irai me réjouir du retour d'un bon à rien !" Son père vint lui-même tenter de le raisonner, mais rien n'y fit. "Pendant qu'il gaspillait ton argent en ville avec des vauriens, disait Simon dans sa fureur, moi, je travaillais d'arrache pied pour toi, et tu n'as jamais donné une pareille fête en mon honneur !" Le père aimait Simon autant que Jason. Il comprenait sa colère aussi ne lui parla-t-il pas sévèrement. Il lui répondit : "Toi, tu es toujours avec moi, et tout ce qui est à moi est à toi. Mais ton frère qui était mort est à nouveau parmi nous en bonne santé. Ne fallait-il pas festoyer en son honneur ? Entre, mon fils, viens partager mon bonheur pour que ma joie soit complète." Une parabole oppose toujours deux façons de faire pour que nous puissions comparer et comprendre l'enseignement de Jésus. Nous ne sommes pas étonnés de la colère de Simon. Peut-être pensons-nous comme lui que Jason ne méritait pas d'être aussi bien accueilli. Cela prouve que notre façon d'aimer est bien loin de celle de Dieu. Certains de ses enfants sont égoïstes et insouciants comme Jason. D'autres ressemblent à Simon. Ils sont obéissants et serviables, mais leur cœur est incapable de générosité. Pourtant, Dieu nous aime tous d'un amour inépuisable, quelques soient nos fautes.

Le bon pasteur

Jacob habitait dans un petit village niché dans les collines de Galilée. En travaillant beaucoup, il avait réussi à devenir propriétaire de la maison blanche où il vivait avec sa femme et ses enfants, et d'une parcelle de terrain où il faisait pousser de quoi nourrir sa famille. Mais c'est de son troupeau de brebis qu'il était le plus fier. Il avait été berger dans sa jeunesse et il avait toujours rêvé d'avoir un troupeau à lui. Il avait commencé avec quelques brebis, et maintenant il en avait cent. Les vertes collines de Galilée donnaient en abondance une herbe épaisse qui les engraissait rapidement, mais on ne tuait un mouton que dans les grandes occasions. On élevait les brebis pour leur lait et surtout pour leur laine.
Myriam, la femme de Jacob, filait la laine sur sa quenouille, puis elle la tissait sur son métier. Avec l'étoffe obtenue, elle faisait des vêtements chauds pour toute la famille, de longues houppelandes surtout, qui protégeaient de l'ardeur du soleil dans la journée et du froid piquant de la nuit.
Jacob aimait toujours autant partir sur les collines avec son troupeau, mais, Benjamin son fils aîné, était maintenant assez grand pour garder les brebis tout seul. Jacob l'avait souvent emmené avec lui pour en faire un bon berger.
Benjamin était fier de porter la houlette, même si elle était plus haute que lui. C'était une longue canne dont une extrémité recourbée pouvait servir à rattraper un mouton. Il était décidé à devenir un bon berger préoccupé du bien-être de ses moutons et non du sien. Il savait que c'était un rude métier où l'on passait sa vie dehors par tous les temps.
Un bon berger ne quitte pas ses moutons. Il les surveille, il leur cherche de bons pâturages et de l'eau potable. Il écarte d'eux les dangers. Un mouton a vite fait de glisser sur un rocher et de dévaler une pente. De cruelles épines peuvent l'écorcher. Des serpents venimeux peuvent le piquer et, sans cesse, les oiseaux de proie guettent celui qui s'écarte du troupeau.
Le soir, il fallait rentrer le troupeau dans le parc à moutons où il passait la nuit sous la surveillance des bergers.

Un soir, comme d'habitude, Benjamin conduisait son troupeau au parc à moutons. La journée avait été bonne. Le matin, il s'était arrêté sur un bon pâturage. A midi, il avait mené les brebis boire au bord de la rivière à un endroit où l'eau était calme, car elles avaient peur des tourbillons et du courant. Puis elles s'étaient reposées à l'ombre des arbres pendant que Benjamin mangeait le déjeuner que sa mère lui avait préparé. Il avait aussi bu l'eau de la gourde de cuir qui était attachée à sa taille.
Après déjeuner, il s'était entraîné à tirer avec sa fronde. Elle était en peau de chèvre, avec deux liens de cuir. Il avait pris un caillou comme cible et placé une petite pierre ronde dans le centre de la peau de chèvre qui était évidée. Puis, il faisait tournoyer la fronde au-dessus de sa tête, il lâchait un des liens de cuir et la petite pierre volait jusqu'à son but. Chaque jour, Benjamin faisait des progrès, mais il voulait

arriver à ne jamais manquer son but. Il fallait qu'il puisse envoyer un caillou droit au milieu du front d'un mouton qui s'éloignait du troupeau pour le faire revenir, ou frapper du premier coup un animal sauvage qui rôderait trop près de ses bêtes.
A l'approche du parc à moutons, il vit que deux autres bergers étaient déjà arrivés. Il aurait de la compagnie pour la nuit. Le parc était bien assez grand pour contenir trois troupeaux. Des broussailles épineuses avaient été entassées sur ses murs pour les surélever et empêcher les chacals, les hyènes et les loups de les franchir. Le seul accès était l'ouverture par laquelle on faisait pénétrer les troupeaux. Mais, là, en travers du passage, les bergers veillaient toute la nuit à tour de rôle. Benjamin barra l'entrée du parc à moutons avec sa houlette pour obliger les brebis à passer une à une. Ainsi il pouvait les compter. Il aurait du y en avoir cent, mais ce soir, il n'y en avait que quatre-vingt-dix-neuf. Il manquait une brebis. Elle s'était sans doute écartée du troupeau, puis elle s'était perdue.
Maintenant, elle était en danger, seule dans la nuit. Il n'y avait pas une minute à perdre.
Benjamin confia son troupeau aux autres bergers et descendit en courant jusqu'au village. Il arriva chez lui hors d'haleine. "Père ! Père ! cria-t-il en ouvrant la porte, il manque une brebis."

Jacob prit la corne pleine d'huile adoucissante pour panser les plaies et la glissa dans sa ceinture. Il fixa à son poignet la courroie de son bâton, un solide gourdin fait dans une racine d'arbre. Il était prêt. Père et fils pouvaient affronter les dangers de la nuit. Ils se dirigèrent d'abord vers le parc à moutons, et de là, ils refirent la route que Benjamin avait suivie dans la journée. Ni l'un ni l'autre ne parlait. Ils tendaient l'oreille, guettant un bêlement. Ils entendaient toutes sortes de frôlements et de craquements. Les animaux nocturnes partaient en chasse.
Benjamin fut le premier à repérer la boix tremblante d'une brebis. Il se précipita dans la direction d'où elle venait. Il s'arrêta au bord d'un précipice. Le père et le fils s'allongèrent et rampèrent jusqu'à pouvoir scruter du regard les pentes abruptes.
La brebis était là, en équilibre sur un buisson qui l'avait arrêtée dans sa chute vers le gouffre. Jacob tendit sa houlette à bout de bras. Il réussit à saisir la brebis dans l'extrémité recourbée, et, tout doucement, il la ramena. Il la posa dans les bras de Benjamin et examina ses blessures. La brebis tremblait. Ils lui enlevèrent quelques épines. Jacob la frictionna avec l'huile qu'il avait apportée. Elle n'avait rien de grave. Benjamin la redescendit jusqu'au village dans ses bras.

En bas, quelques voisins étaient venus attendre leur retour avec Myriam. En ce temps-là, les

nuits n'étaient pas sûres.
"Nous l'avons retrouvée ! "cria Benjamin en poussant la porte. Myriam sortit du vin et de quoi manger.
"Restez, dit Jacob à ses voisins, et partagez notre joie."

Après avoir raconté cette parabole, Jésus dit : "Il en est de même avec Dieu, notre père du ciel. Il aime chacun de ses enfants comme Jacob aimait chacune de ses brebis. Il les connaît un à un et s'inquiète de chacun individuellement. Si l'un d'eux est perdu, il n'aura de cesse de l'avoir retrouvé. Je vous le dis, il y a plus de joie au ciel pour un pécheur repenti qui revient à Dieu, que pour quatre-vingt-dix-neuf justes qui lui sont restés fidèles."

Le royaume

Jésus avait grandi dans la campagne de Galilée. Il connaissait aussi bien le travail du cultivateur que celui du berger. La plupart des habitants de Galilée travaillait la terre et Jésus prenait souvent des exemples pour ses paraboles dans leur vie de tous les jours. S'il parlait de la nature c'est aussi parce qu'il y voyait Dieu à l'œuvre. Dieu avait prévu les lois qui gouvernent la nature. Parler de la nature, c'était parler du royaume de Dieu. "Quand un fermier a semé son blé, disait Jésus, il n'a plus qu'à attendre. Le blé pousse lentement, mystérieusement. Il donne d'abord un brin d'herbe, puis un épi. Enfin le grain se forme à l'intérieur de l'épi. Le fermier ne peut pas avancer la date de la moisson. Il doit être patient. Il doit avoir confiance. Il a semé, il moissonnera."

"Pour le royaume de Dieu, il en est de même" disait Jésus. Il ne s'agit pas d'un royaume de la Terre, mais du règne de Dieu dans les cœurs. Jésus et les apôtres, comme les prophètes des temps anciens, semaient la graine de la bonne nouvelle. Elle allait grandir mystérieusement dans le secret, à l'intérieur du cœur des hommes. Les apôtres devaient avoir confiance. Ils devaient croire que la graine allait germer et que la moisson viendrait.

Tout d'abord, la façon dont Jésus parlait lui attira les foules. Il fut pendant quelque temps un prophète populaire en Galilée. Puis, un moment arriva où il déplut. Les Pharisiens surtout se mirent à le détester. C'étaient des Juifs pieux qui observaient

de Dieu

très strictement les rites de la religion. Jésus avait osé les critiquer et son enseignement nouveau les choquait. Ils prévinrent les gens contre Jésus. Il y eut moins de monde à venir l'écouter. Les apôtres se découragèrent. Comment le royaume de Dieu allait-il grandir avec si peu de fidèles ? Pour les rassurer, Jésus leur disait :
"Le royaume de Dieu est comme une graine de moutarde. Quand on la sème, c'est la plus petite des graines, mais quand elle a poussé, c'est la plus grande des plantes potagères. Elle devient un arbre assez grand pour que les oiseaux du ciel viennent s'abriter dans ses branches."
Le royaume de Dieu est tout à fait comparable à cette graine de moutarde, expliquait Jésus à ses disciples. De la plus petite graine allait naître un arbre assez grand pour que les oiseaux viennent s'y abriter. D'un petit groupe d'apôtres allait naître le royaume de Dieu qui serait assez grand pour que tous les hommes de toutes les nations y trouvent leur place.

Mais Jésus savait que toutes les graines semées ne germent pas. Tout dépend du sol où elles tombent. Pour expliquer cela, il racontait la parabole du semeur. Autrefois, en Galilée les paysans lançaient le grain à la volée, puis ils labouraient le sol afin que la terre recouvre la semence. Aussi Jésus disait-il :
"Le semeur est sorti pour semer. Or, comme il semait, des graines sont tombées sur un chemin et les oiseaux sont venus les manger. D'autres sont tombées sur un sol rocheux où il n'y avait pas assez de terre pour qu'elles puissent pousser. D'autres sont tombées sur des épines qui les ont étouffées. D'autres enfin sont tombées dans de la bonne terre."
Comme ses apôtres lui demandaient la signification de cette parabole, Jésus expliqua que la semence représente la parole de Dieu. Les graines qui tombent sur le chemin représentent ceux qui entendent la parole, mais, à peine ont-ils entendu, que Satan vient et leur enlève la parole de leur cœur, de peut qu'ils ne croient et ne soient sauvés.
La seconde partie tombe sur des rochers où il y a si peu de terre que les graines ne peuvent prendre racine, c'est-à-dire chez des gens qui accueillent avec joie la parole de Dieu mais qui n'ont pas de racine en eux. A la première difficulté, ils renoncent.
Les graines qui tombent dans les épines représentent la parole de Dieu étouffée dans le cœur des hommes par leurs préoccupations. Les pauvres sont inquiets de leur avenir. Ils pensent à chercher du travail ou un logement. Les riches se tourmentent pour leur argent.
Enfin, le grain qui tombe dans de la bonne terre représente la parole de Dieu accueillie par des hommes qui sont prêts à la

recevoir et qui sauront en vivre.
C'est comme cet homme qui, en se promenant dans la campagne, buta sur quelque chose au milieu d'un champ à l'abandon.
Imaginez sa joie, quand il eut déterré cet objet, de s'apercevoir que c'était un coffret renfermant un trésor ! La loi de cette époque autorisait ceux qui trouvaient un trésor dans un terrain dont ils étaient propriétaires à le garder.
Aussi notre homme courut-il en ville et, comme le champ était très cher, il vendit tout ce qu'il avait pour l'acheter.
Dans cette histoire, le trésor représente le royaume de Dieu.
Cet homme l'a trouvé par hasard, mais il a su reconnaître sa valeur. D'autres le trouvent après une longue recherche.
Un homme faisait le commerce des perles et parcourait le monde pour acheter les plus belles.

Au cours d'un de ses voyages, il découvrit une perle magnifique, d'une splendeur incomparable.
"Il me la faut ! se dit-il. Je ne peux pas vivre en sachant que cette perle existe et qu'elle ne m'appartient pas."
Il obtint que le propriétaire de la perle la lui réserve jusqu'à ce qu'il ait rassemblé assez d'argent pour l'acheter. Il rentra précipitamment dans son pays et vendit tous ses biens, y compris ses précieuses perles, pour rassembler la somme nécessaire.
Les gens qui ressemblent à ce marchand ne trébuchent pas par hasard sur le royaume de Dieu, ils doivent le chercher longtemps. Mais, quand ils l'ont découvert, ils savent reconnaître sa valeur. Le royaume de Dieu peut exiger d'un homme qu'il renonce à tout ce qu'il avait, mais c'est un trésor inestimable.
"Là où est votre trésor, là aussi est votre cœur", disait encore Jésus.

Dieu est bon

Dans un pays chaud comme Israël, boire est une question de vie ou de mort. Au temps de Jésus, l'eau était rare et précieuse. La pluie tombait en quelques jours, en violentes averses, mais la plus grande partie de cette eau se perdait faute de citernes pour la recueillir. A la campagne, il y avait des puits, des sources et des rivières pour s'alimenter en eau. En ville, des marchands d'eau passaient dans les rues avec leurs outres. La plupart des familles buvaient le lait de leurs chèvres et de leurs brebis, mais la boisson la plus courante était le vin rouge.
La vigne poussait dans tout le pays. Chaque vignoble avait son pressoir pour extraire le jus du raisin, et sa tour de guet du haut de laquelle on surveillait l'approche des renards ou des voleurs. Les vendanges se faisaient en août et en septembre. Fin septembre, la saison des pluies commençait. Il fallait que les vendanges soient finies avant que la pluie arrive. A ce moment-là, chaque heure de travail comptait. Chaque propriétaire de vignoble avait besoin de tous les hommes disponibles pour récolter le raisin avant qu'il ne soit trop tard.

Jacob possédait un vignoble important. Ses employés vendangeaient depuis plusieurs jours, mais le temps passait. Jacob se rendit compte qu'il allait devoir embaucher d'autres ouvriers. A l'aube, il alla sur la place du village. Des ouvriers se trouvaient là, attendant de l'embauche et prêts à discuter des salaires. Jacob leur proposa un denier, ce qui était un bon

prix pour une journée de travail. Les ouvriers le suivirent vers sa vigne. Mais Jacob n'était pas encore sûr d'avoir suffisamment d'hommes. Vers neuf heures, il retourna sur la place et retrouva quelques ouvriers qui attendaient du travail.
"Venez à ma vigne, leur dit-il. Je vous paierai un bon salaire." Les hommes lui firent confiance, et, heureux d'être embauchés, se rendirent à sa vigne. Jacob sortit à nouveau à midi et à trois heures. Chaque fois il retrouva des hommes sans travail à qui il fit la même promesse. Eux aussi se dirigèrent vers sa vigne.
A cinq heures, Jacob était à nouveau sur la place. Il n'y avait plus qu'une heure de travail avant la fin de la journée, mais il fallait que les vendanges soient terminées le soir même. Un groupe d'hommes assemblés bavardaient. "Que faites-vous là ? leur dit-il. Venez à ma vigne, je vous embauche pour la fin de la journée." Ils se mirent en route, comptant sur la générosité de Jacob pour leur salaire.

Le soir venu, Jacob dit à son intendant : "Donne-leur à tous une journée de salaire. Paye d'abord ceux qui sont venus travailler les derniers."
Imaginez la joie des ouvriers de la dernière heure ! Un denier, une journée entière de salaire, pour une heure de travail ! Puis vinrent ceux qui avaient été embauchés au cours de la journée. Eux aussi reçurent un denier. Ils avaient fait confiance à Jacob pour le salaire, et s'en trouvaient récompensés.
Enfin vinrent ceux qui avaient été embauchés dès le matin. Ils avaient vu la générosité de Jacob pour ceux qui les avaient précédés et ils espéraient être encore mieux traités. Mais ils reçurent eux aussi un denier. Ils commencèrent à grommeler et à s'exciter les uns les autres contre Jacob. Certains montraient même le poing en direction de sa maison. Alors Jacob sortit. Le meneur lui dit : "Nous avons travaillé durement pour toi pendant douze heures, y compris pendant les heures chaudes de la journée, et ces va-nu-pieds qui n'ont travaillé qu'une heure, et encore au moment où il faisait frais, ont gagné plus que nous !" Jacob leur répondit :
"Nous avions convenu d'un salaire et vous l'avez touché. N'ai-je pas tenu parole vis-à-vis de vous ? Quand aux autres, j'ai décidé de leur donner à eux aussi un denier. Pourquoi trouvez-vous à redire à ma générosité ? Ne suis-je pas libre de faire ce que je veux de mon argent ?"

Jésus raconta cette parabole pour répondre à une question de Pierre. "Seigneur, disait-il, nous avons tout abandonné pour te suivre. Quelle récompense Dieu nous réserve-t-il ? "La réponse est simple : "N'attendez pas de récompense. Ne faites pas de comptes avec Dieu. Faites confiance à sa bonté, sa générosité, son amour. Dieu ne choisit pas entre ses enfants. Il les aime tous autant."

Jésus guérit les malades

Jésus annonçait que le royaume de Dieu avait déjà commencé sur Terre à l'intérieur des cœurs de tous ceux qui se convertissaient. Mais comment en apportait-il la preuve ? Par sa façon de vivre et son enseignement. Et, quand il soulageait les malades, il était une preuve vivante de la puissance de Dieu. Mais il guérissait les malades parce qu'ils lui faisaient pitié, et non pour faire sensation. Souvent, il demandait à ceux qu'il avait guéris de n'en rien dire.

Un jour où Jésus enseignait la foule, un homme nommé Jaïre se fraya un chemin jusqu'à lui. Il se prosterna devant Jésus en disant :
"Ma fille va mourir. Viens lui imposer les mains et elle vivra."
Ému par sa foi, Jésus se dirigea vers chez lui. Comme il passait au milieu de la foule, une femme qui était malade depuis douze ans s'approcha de lui par derrière et toucha un des glands de son manteau. A l'instant même, elle sentit qu'elle était guérie.
"Qui m'a touché ?" demanda Jésus. Pierre répondit :
"Ce sont les foules qui te pressent." Mais Jésus reprit :
"Quelqu'un m'a touché. J'ai senti une force sortir de moi."
Alors, la femme tomba à genoux et avoua ce qu'elle avait fait.
"Va en paix, lui dit Jésus, ta foi t'a sauvée." Il approchait de la maison de Jaïre lorsqu'un serviteur arriva en courant.
"Inutile de déranger le Maître, dit-il à Jaïre, ta fille est morte.
— N'aie pas peur, dit Jésus. Un acte de foi, et elle vivra." Autour de la maison, une foule de

voisins s'étaient rassemblés. Ils pleuraient et se lamentaient à haute voix selon la coutume de l'époque lorsque quelqu'un était mort.
"Ne pleurez pas, dit Jésus. Elle n'est pas morte, elle dort."
Il ne laissa personne entrer avec lui, sauf Pierre, Jacques et Jean, et le père et la mère de l'enfant. Il prit la main de l'enfant et il lui dit :
"Enfant, lève-toi !"
A l'instant même, elle se leva. Jésus ordonna qu'on lui donne à manger et demanda aux parents de ne rien dire de ce qu'il avait fait dans la maison.

Un autre jour, un officier dont le fils était malade à Capharnaüm vint trouver Jésus pour lui demander de guérir son petit garçon. "Si vous ne voyez pas signes et prodiges, répondit d'abord Jésus, vous ne croirez donc pas !" "Seigneur, dit l'officier, venez avant que mon fils meure."
Alors, Jésus lui dit :
"Va, ton fils vit." L'officier crut aussitôt que son fils était guéri.

En rentrant chez lui, il rencontra des serviteurs qui venaient lui annoncer que son fils avait été guéri exactement à l'heure où Jésus le lui avait dit et où il avait cru au miracle.

Jésus et les enfants

Un jour, Jésus et ses apôtres marchaient en direction de Capharnaüm, rentrant d'un voyage à la campagne. Jésus marchait devant, absorbé dans ses pensées. Les apôtres parlaient entre eux. La conversation portait sur le royaume de Dieu. Une fois le royaume de Dieu instauré sur Terre, ils pensaient bien qu'ils deviendraient d'importants personnages. "Lequel d'entre eux aurait le premier rôle ? Qui serait le plus grand personnage ?" se demandaient-ils. Ils arrivèrent enfin à Capharnaüm et furent heureux de pouvoir se reposer et se restaurer chez Simon. Mais, une fois assis, Jésus leur demanda : "De quoi parliez-vous sur la route ?" Ils ne répondirent pas. Ils avaient honte. Jésus leur avait souvent dit qu'ils étaient les serviteurs du royaume de Dieu. Ils se souvenaient aussi d'une de ses phrases : "Celui qui veut être élevé, qu'il s'abaisse." Mais ils avaient pris plaisir à s'imaginer comme des seigneurs, non comme des serviteurs. Jésus connaissait le fond de leur cœur. Il pouvait lire la honte sur leur visage. Des enfants entraient et sortaient de la maison en courant. Jésus en prit un et le plaça au milieu des apôtres en disant :
"En vérité, je vous le dis, si vous ne retournez pas à l'état de ces enfants, vous ne pourrez entrer dans le royaume de Dieu. Celui qui se fera petit comme ce petit enfant-là, voilà le plus grand dans le royaume de Dieu." Le petit garçon que Jésus avait placé au milieu du cercle des apôtres s'appelait David. Il ne comprit pas ce que Jésus voulait dire, mais il n'oublia jamais le visage doux et bon de cet homme. Il devait le revoir un autre jour.

Ce jour-là avait commencé comme tous les autres. David avait été réveillé par les rayons du soleil passant entre les volets. Sa sœur Rachel était déjà en train de se laver. Sa mère préparait le petit déjeuner. Son père chargeait l'âne avant de partir travailler. Ils prirent tous ensemble leur petit déjeuner : du lait, du miel et du pain d'orge fait par sa mère, des dattes, des figues et des raisins secs.
Puis, David courut chercher Nathanaël, le fils des voisins, et ils se hâtèrent ensemble vers l'école. Elle se tenait dans la cour de la synagogue. David et Nathanaël en entrant dans la cour s'inclinèrent devant le maître qui leur dit : "Que le Seigneur soit avec vous." "Et avec vous", répondirent les enfants. Ils s'assirent par terre et commencèrent à tracer des lettres dans le sable avec un bâton.

Rachel restait à la maison. Seuls les garçons allaient à l'école. Sa mère lui apprenait à faire la cuisine et le ménage, à coudre et à s'occuper de sa petite sœur qui était encore bébé. La maison se composait d'une seule grande pièce avec, à une extrémité, une plateforme où la famille dormait et vivait. Le bas était réservé aux animaux.
Rachel et sa mère commencèrent par faire le ménage de la plateforme. Elle roulèrent les matelas sur lesquels la famille avait dormi et les rangèrent dans un placard. Puis elles s'occupèrent du bébé qui se débattait dans ses bandelettes déroulées. Elles lui firent sa toilette et le recouchèrent. Ensuite, il fallut balayer et aller chercher de l'eau pour remplir la grande jarre de terre. Mais, quand Rachel eut aidé sa mère à moudre le grain d'orge pour faire le pain, elle fut libre d'aller jouer avec Rébecca qui habitait à côté.
Elles tracèrent une marelle. Elles dessinaient des carrés sur le sol, y inscrivaient des numéros et y jetaient une petite pierre qu'il fallait faire avancer en la poussant du bout du pied.

Mais sauter à cloche-pied leur donnait trop chaud. Elles montèrent jouer sur la terrasse. Chaque maison avait un escalier extérieur qui permettait de monter sur le toit. Un petit parapet construit tout autour protégeait des chutes. C'était un bon endroit pour jouer calmement. Les maisons étant toutes proches les unes des autres, il était facile de passer d'une terrasse à l'autre. Elles jouèrent d'abord aux osselets: elles lançaient en l'air des petits cailloux posés sur le dos de leur main et essayaient de les rattraper dans leur main retournée.

En sortant de la synagogue, les garçons partirent en courant vers la rivière. Au bord de l'eau, ils sortirent leur fronde des plis de la large ceinture qu'ils portaient enroulée autour de leur taille. Cela leur faisait toute une série de poches très pratiques. "Celui qui touche trois fois cet arbre, là-bas, a gagné", dit David en montrant un arbre de l'autre côté de la rivière.
Leurs frondes étaient en peau de chèvre, avec un lien de cuir à chaque extrémité. Chacun à son tour plaçait un petit caillou de la rivière dans le trou pratiqué au centre de la peau de chèvre, puis il faisait tournoyer sa fronde autour de sa tête. D'un seul coup, il lâchait un des liens de cuir, et le petit caillou volait vers la cible. "Je vais me faire une nouvelle flûte", dit Nathanaël quand ils en eurent assez de s'entraîner à tirer avec leurs frondes. Ils se taillaient des flûtes dans les roseaux qui poussaient au bord de la rivière en se servant des petits canifs qu'ils gardaient précieusement dans leur ceinture. Ils creusaient des petits trous dans la paroi du roseau et obtenaient des notes de musique en plaçant leurs doigts alternativement sur les trous. David se fit une flûte double. Il se prépara séparément deux roseaux, puis les ficela ensemble.
Quand ce fut presque l'heure de déjeuner, les garçons rentrèrent, cherchant en marchant des airs sur leurs nouvelles flûtes.

Après le déjeuner, David, Nathanaël, Rachel et Rébecca se rendirent sur la place du marché. C'est là que se passaient tous les événements intéressants. Les paysans venaient y vendre leurs fruits et leurs légumes, les commerçants y déballaient leur marchandise. Des caravanes s'arrêtaient là, apportant des denrées rares et des nouvelles des pays lointains. Les hommes d'affaires y discutaient entre eux. Les problèmes juridiques se

réglaient aussi sur la place. Chacun y donnait rendez-vous à ses amis et bavardait avec eux.

Tout un groupe d'enfants jouait déjà sur la place. Ils avaient organisé un "mariage". Un garçon et une fille déguisés faisaient les mariés. Les autres garçons se rangeaient en cercle. Dans les mariages, en effet, c'étaient les hommes qui chantaient et dansaient en tapant des pieds et en battant des mains. Les filles, assises par terre, faisaient de la musique avec des tambourins, des cymbales et des grelots. Quelques uns des garçons jouaient des airs de flûte. Après le mariage, les enfants jouèrent à l'enterrement. Cette fois, le plus beau rôle était pour les filles. Dans les enterrements, c'étaient les femmes qui se lamentaient. Les filles se mirent à pousser des gémissements et à se balancer d'avant en arrière. Elles se lamentaient à grands cris pendant que les garçons tiraient de leurs flûtes des airs d'une tristesse déchirante.
Mais les jeux ne se passaient pas toujours aussi bien. Les enfants se disputaient souvent. Il y avait des bagarres, des bouderies et des larmes. Jésus connaissait bien les enfants. Il les regardait jouer et se disputer. "Vous vous conduisez comme des enfants", disait-il parfois à ceux qui l'écoutaient. Vous vous reprochez les uns aux autres de tricher. Ou bien, on vous entend dire : "Nous avons joué de la flûte et vous n'avez pas voulu danser !"
Quand Jean-Baptiste est arrivé du désert, sévère et tranchant, vous avez dit : "Cet homme est fou."
Quand moi je me mêle à la vie de tout un chacun, partageant les repas de tous, vous dites : "Celui-ci n'est pas un prophète. Il est trop proche du peuple."
Jean-Baptiste était le hérault qui annonçait l'approche du royaume de Dieu. Moi, je vous apporte le royaume de Dieu, mais vous n'êtes jamais contents. Comme des enfants qui jouent ensemble, vous trouvez toujours à redire."

Or, cet après-midi, pendant que les enfants jouaient sur la place du marché, un groupe de voyageurs arriva. David reconnut celui dont il se souvenait si bien. Aussitôt, il courut prévenir sa mère. Elle avait souvent dit qu'elle aurait bien voulu voir Jésus, le prophète. Il la trouva en train de broder avec sa voisine, la mère de Nathanaël. "Jésus est là, sur la place !" cria-t-il. Les deux femmes laissèrent tomber leurs ouvrages et suivirent David. Une foule de gens s'était assemblée autour de Jésus. Elles essayèrent de s'approcher avec leurs enfants, mais les apôtres les arrêtèrent. Les femmes étaient déçues. Soudain, la voix de Jésus s'éleva : "Laissez venir à moi les petits enfants", ordonna-t-il. Les gens s'écartèrent et Jésus tendit les bras vers les enfants. Un à un, il les bénit. Les enfants ne pouvaient pas bien comprendre qui il était, mais ils savaient qu'il les aimait.

Notre père qui es aux cieux

Souvent, Jésus laissait ses disciples et s'en allait à l'écart. Ils savaient qu'il n'était pas seul à ces moments-là, il était avec son père du ciel à qui il parlait en prière. Ils étaient en admiration devant sa façon de prier. Ils auraient bien voulu savoir eux aussi s'adresser à Dieu de cette manière.
Un jour, où Jésus les rejoignait après avoir prié, ils lui demandèrent : "Maître,

apprends-nous à prier." Jésus leur enseigna alors une prière type, le "Notre Père" :

Notre Père qui es aux cieux,
que ton nom soit sanctifié,
que ton règne vienne,
que ta volonté soit faite
sur la terre comme au ciel.
Donne-nous aujourd'hui
notre pain de ce jour.
Pardonne-nous nos offenses,
comme nous pardonnons aussi
à ceux qui nous ont offensés.
Et ne nous soumets pas à la
tentation,
mais délivre-nous du Mal.

Pour faire comprendre aux apôtres comment prier, Jésus leur dit aussi : "Si l'un de vous ayant un ami, va le trouver au milieu de la nuit en lui disant : "Prête-moi trois pains car j'ai un ami qui arrive de voyage et je n'ai rien à lui donner à manger", et que cet ami lui répond : "Laisse-moi dormir. Ma porte est fermée, mes enfant dorment. Je ne vais pas me lever pour te donner du pain" ; je vous le dis, cet ami, même s'il ne se lève pas pour lui donner ce qu'il demande en qualité d'ami, il se lèvera pour le lui donner parce qu'il aura été dérangé. Aussi je vous dis : "Demandez et on vous donnera. Frappez et on vous ouvrira. Car quiconque demande reçoit ; qui cherche trouve ; et à quiconque frappe, on ouvrira. Lequel d'entre vous si son fils lui demande du pain lui donnerait une pierre ? Ou, s'il demande du poisson, lui donnerait un serpent ? Ou encore s'il lui demande un œuf, lui donnerait un scorpion ? Si donc vous qui êtes mauvais vous savez donner de bonnes choses à vos enfants, combien plus votre père du ciel qui est parfait donnera-t-il l'Esprit Saint à ceux qui l'en prient."
Jésus ne voulait pas dire que prier c'est seulement demander. Il y a bien d'autres choses à dire à Dieu. Prier peut être le remercier, lui demander pardon, et bien sûr, cela peut être aussi lui demander d'aider tous ceux qui souffrent ou qui sont malheureux. Prier, ce n'est pas demander à Dieu qu'il fasse ce que nous voulons, mais que sa volonté à lui se réalise, pour que le royaume de Dieu vienne parmi nous.

Pour faire comprendre aux apôtres qu'il fallait toujours prier, sans jamais se lasser, Jésus leur raconta la parabole de la veuve et du juge. A cette époque, chez les Juifs, chaque ville avait sa cour de justice. Les lois juives étaient sacrées. Elles étaient faites pour que chacun soit traité équitablement et que personne ne soit lésé. Cependant, tout dépendait de la personnalité des juges. Ils étaient soigneusement choisis parmi les hommes âgés réputés pour leur sagesse et leur piété. Ils n'étaient pas payés. Rendre la justice était une charge qu'ils remplissaient par amour des hommes et de Dieu et non pour de l'argent. Malheureusement, il pouvait arriver que l'argent intervienne. Un homme riche pouvait payer pour être jugé plus vite. Un homme pauvre ne pouvait qu'attendre que son affaire soit jugée à son tour. Si, par malheur, le juge était malhonnête, en le payant bien, un homme riche pouvait être sûr de gagner son procès. L'homme pauvre n'avait rien de bon à attendre de ce genre de juge. "Il y avait, dit Jésus, dans une certaine ville, un juge qui ne craignait pas Dieu et se moquait des hommes. Il y avait aussi, dans cette ville, une veuve qui venait le trouver, en disant : "Rends-moi justice contre mon adversaire." Cette femme n'avait personne pour la défendre. Les lois juives protégeaient les veuves, mais pour un homme malhonnête, il était facile de tourner la loi et de voler une veuve. C'est pourquoi, chez les Juifs, on disait que protéger la veuve et l'orphelin était la preuve d'une religion vraie. La veuve, sans homme pour la défendre, sans argent pour payer ce mauvais juge, était condamnée d'avance. Le juge donnerait finalement raison à celui qui l'avait volée, parce qu'il aurait, lui, assez d'argent pour la payer... La veuve se mit à aller voir le juge tous les jours en lui répétant chaque fois : "Rends-moi justice

contre mon adversaire." Si bien que, le juge se dit : "J'ai beau ne pas craindre Dieu et me moquer des hommes, néanmoins, comme cette veuve m'importune, je vais lui faire justice pour qu'elle ne vienne pas sans cesse me rompre la tête." A force de le harceler, la veuve avait gagné. Et Dieu qui est notre père très aimant et très bon ne céderait pas si ses élus crient sans cesse vers lui pour lui demander que la justice et la paix règnent sur la Terre ? "Je vous le dis, déclara Jésus, il leur fera justice."

Simon Pierre était un homme rude. Il s'exprimait parfois brutalement. Il ne réfléchissait pas avant de parler et se mettait facilement en colère. Il s'emportait souvent contre son frère André, qui, lui au contraire, était doux, lent et calme. Quand il avait repris son sang-froid, il regrettait ce qu'il avait dit. Il savait qu'il devait alors se réconcilier avec son frère, mais cela lui coûtait beaucoup. Un jour il demanda vivement à Jésus :
"Mais combien de fois devrais-je pardonner à mon frère ? Sept fois ?" Pierre connaissait l'enseignement des rabbins. Ils prêchaient le pardon des offenses, mais, alors que Dieu est parfait et pardonne sans compter, les rabbins estimaient que les hommes ne pouvaient pas pardonner plus de trois fois. Simon pensait que trois fois paraîtrait insuffisant à Jésus, c'est pourquoi il proposait sept fois. Mais Jésus lui répondit : "Pas sept fois, Pierre ! Soixante-dix sept fois sept fois !" C'était là une façon de dire que Pierre devait pardonner sans compter, sans se lasser, comme Dieu lui-même nous pardonne. Et Jésus raconta une parabole pour expliquer ce qu'il voulait dire.

Il était une fois un empereur qui était à la tête d'un vaste territoire. Comme il ne pouvait pas gouverner seul tout son empire, il nommait des gouverneurs à la tête de chaque province. Il choisissait des hommes sages en qui il puisse mettre sa confiance. Ils devaient faire respecter la loi et prélever les impôts. Il fallait donc qu'ils soient honnêtes et qu'ils servent loyalement l'empereur. Ils avaient tout pouvoir sur la province qu'ils gouvernaient car ils représentaient la personne même de l'empereur. Il leur aurait été facile d'oublier qu'ils devaient leur pouvoir à l'empereur et de le trahir, car l'empereur leur laissait toute liberté dans chaque province. Mais, il arriva qu'un jour, l'empereur voulut s'assurer de leur loyauté. Il convoqua tous les gouverneurs à son palais et leur demanda des comptes. Il cherchait à savoir s'ils avaient bien reversé dans ses caisses tous les impôts qu'ils avaient perçus. C'est ainsi que la malhonnêteté d'un des gouverneurs fut découverte. Il avait volé l'empereur en gardant pour lui, chaque année, une partie de l'argent des impôts. Il devait maintenant à l'empereur la somme exorbitante de dix mille talents or. En racontant cette parabole, Jésus choisit exprès la monnaie d'or, celle qui avait la plus grande valeur, et en quantité énorme, pour que les apôtres comprennent bien la gravité de la situation du gouverneur.
L'empereur fut fou de rage quand il comprit à quel point le gouverneur l'avait trompé en abusant de sa confiance. "Vendez-le comme esclave !" ordonna-t-il. "Vendez aussi sa femme et ses enfants ! Vendez ses maisons et ses terres ! Vendez tout ce qu'il a pour payer sa dette !"
Même en vendant tout ce qu'il avait, la fortune du gouverneur n'aurait jamais suffi à rembourser son énorme dette, mais l'empereur voulait punir le traître. Et, ce n'était que justice qu'il paie pour rembourser sa dette. Le gouverneur, qui était un homme fier, fut terrifié d'avoir été découvert. Devant toute la cour assemblée, devant tous les autres gouverneurs, il se

jeta à terre et se traîna aux pieds de l'empereur. "Ayez pitié de moi, Seigneur, gémissait-il, je vous rembourserai jusqu'au dernier centime." Il lui était impossible de rembourser sa dette et l'empereur le savait bien. Mais il avait connu cet homme quand il était orgueilleux et sûr de lui. Il eut pitié en le voyant se prosterner devant lui. Il ne lui reprocha ni sa légèreté ni son inconscience. Il lui pardonna et lui remit sa dette.
Le gouverneur sortit du palais. Soudain, dans la foule, il reconnut quelqu'un qu'il connaissait. C'était l'un de ses officiers. Et ce lascar ne lui devait-il pas cent pièces d'argent ?
Il se jeta sur le malheureux et le saisit à la gorge, l'étouffant presque. Il lui cria :
"Rends-moi ce que tu me dois !"
Le pauvre homme se jetta aux pieds du gouverneur en implorant : "Ayez pitié de moi, Seigneur, je vous rembourserai jusqu'au dernier centime."
Il ne devait que cent pièces d'argent. Quoiqu'il ne fût pas riche, il pouvait rembourser sa dette petit à petit. Ce n'était pas une somme énorme en comparaison surtout de celle que l'empereur venait de remettre au gouverneur. Mais celui-ci ne voulut rien entendre. Il n'eut pas le moindre geste de pitié pour l'officier. Il le fit jeter en prison pour dettes.

Cette histoire ne tarda pas à se savoir. Les serviteurs du palais en entendirent parler et cela arriva jusqu'à l'empereur. Celui-ci envoya aussitôt chercher le gouverneur et il lui dit : "Mauvais serviteur, je t'ai remis toute ta dette parce que tu m'en avais supplié, ne devais-tu pas toi aussi avoir pitié ?" Et il fit jeter le gouverneur en prison.

Aimez votre prochain

Les Juifs obéissaient aux lois sacrées qui leur avaient été transmises par leurs prophètes. A l'époque de Jésus, les scribes étaient les spécialistes de ces lois sacrées. Ils passaient des journées entières à en discuter et à les étudier. Une des questions qu'ils se posaient était: "Parmi toutes les lois, laquelle est la plus importante ?"
Un jour, l'un d'eux, voyant Jésus en train d'enseigner au milieu d'un cercle de gens, vint lui demander : "Parmi tous les commandements, lequel est le premier ? — Dans la loi, qu'y a-t-il écrit ? répondit Jésus. Qu'y lis-tu ? — Tu aimeras le Seigneur, ton Dieu, de tout ton cœur, de toute ton âme, de toute ta force et de tout ton esprit ; et ton prochain comme toi-même, répondit le scribe. — Tu as répondu juste, dit Jésus. Fais cela, et tu vivras." Mais le scribe, voulut poursuivre la discussion. Il demanda encore à Jésus : "Mais qui est mon prochain ?" Et Jésus répondit par la parabole du bon Samaritain qui commence ainsi : "Un homme descendait de Jérusalem à Jéricho."

Cela représentait une trentaine de kilomètres à faire sur une route dangereuse, encaissée entre les rochers. Des bandits se cachaient dans les grottes qui la surplombaient, guettant les voyageurs isolés pour les dévaliser. Comme notre homme aurait pu s'y attendre, il fut attaqué par les voleurs qui lui prirent tout ce qu'il avait, le rouèrent de coups et le laissèrent à demi-mort sur la route. Il n'avait plus qu'à espérer qu'un passant lui vienne en aide. Or, un prêtre descendait par hasard le chemin. Il vit le blessé, mais au lieu de lui porter secours, il prit l'autre côté de la route et s'éloigna rapidement. Survint

un autre voyageur, un lévite, c'est-à-dire un serviteur du Temple où il assistait les prêtres. Lui aussi, s'écarta du blessé et disparut.
Mais un troisième homme arriva. Ce n'était pas un Juif, c'était un Samaritain. Son peuple était depuis des centaines d'années haï et méprisé par les Juifs.
Cependant, ce Samaritain fut touché de compassion en voyant le blessé abandonné sur la route. Il descendit de son âne. Il soigna les blessures du malheureux avec de l'huile et du vin. Il lui fit des pansements en déchirant des morceaux de sa tunique. Puis, il lui donna à boire et le chargea sur son âne. Il le conduisit jusqu'à l'auberge et y loua une chambre pour lui. Avant de partir, il donna deux pièces d'argent à l'aubergiste en disant :
"Aie soin de lui et si tu dépenses davantage pour lui, c'est moi qui paierai lors de mon retour."

A la fin de la parabole, Jésus se tourna vers le scribe et lui demanda : "Lequel de ces trois, à ton avis, s'est montré le prochain de l'homme tombé aux mains des brigands ? — Celui qui a pratiqué la miséricorde à son égard", répondit le scribe. Et Jésus lui dit : "Va, et fais de même."

L'enseignement de Jésus était nouveau. Le prêtre et le lévite croyaient préférable d'offrir des sacrifices à Dieu au Temple plutôt que de venir en aide à un blessé. Jésus disait que Dieu demande à ceux qui le servent de se préoccuper d'abord de leur prochain. L'amour de Dieu est sans limite. Le nôtre ne doit pas en connaître non plus.
"Votre prochain, disait Jésus, c'est tout le monde. La loi ancienne disait "Aimez votre prochain et détestez votre ennemi." "Moi, disait Jésus, je vous donne une nouvelle loi : "Aimez vos ennemis, bénissez ceux qui vous maudissent, priez pour ceux qui sont cruels envers vous. Il n'y a pas de mérite à aimer ceux qui vous aiment. Est-ce que les pécheurs ne le font pas déjà ?"

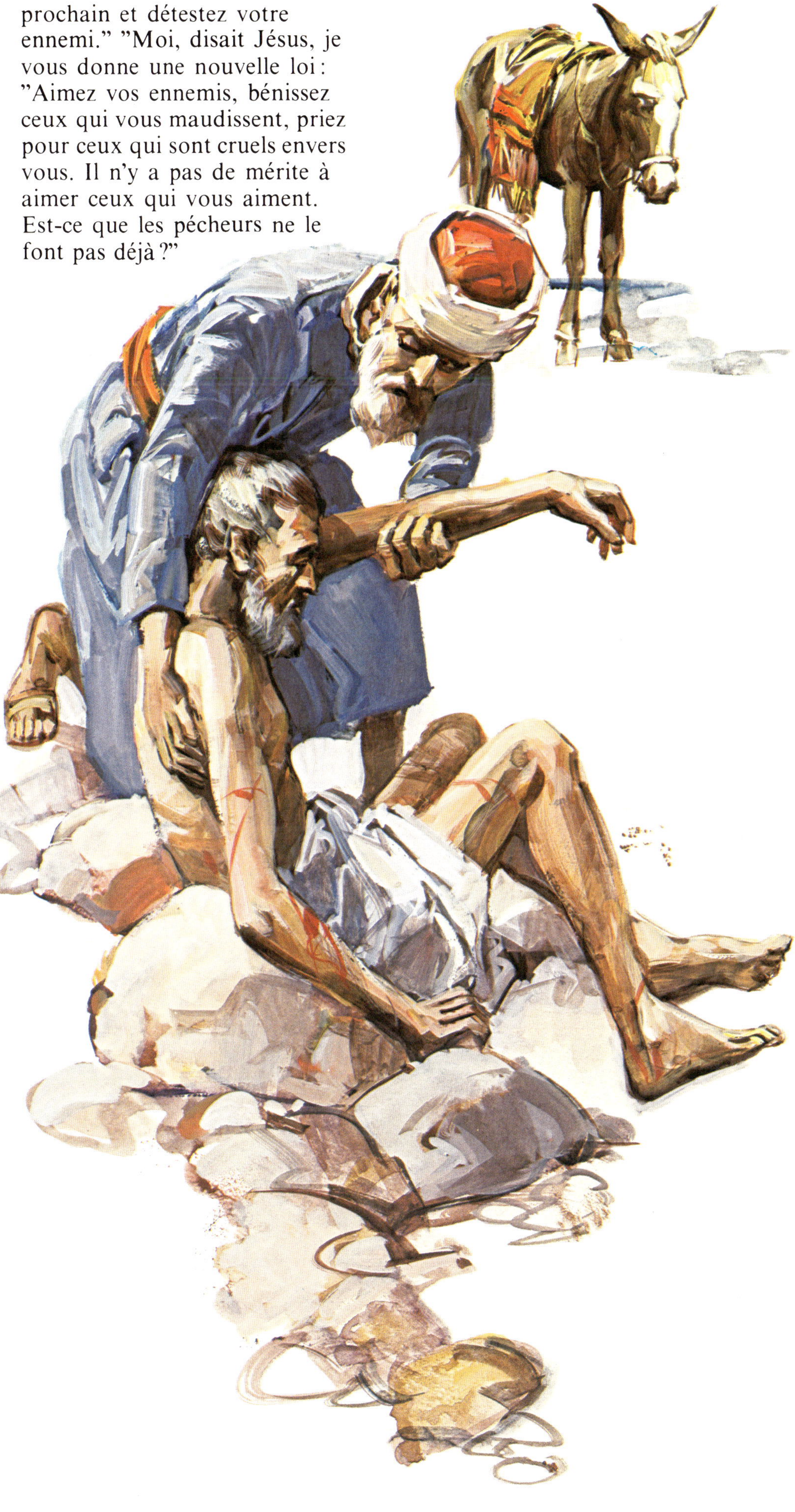

Bons et fidèles serviteurs

Chez les Juifs, les serviteurs n'étaient pas des esclaves comme chez les Romains. Ils faisaient partie de la famille. Ils pouvaient prendre des responsabilités et jouer un rôle important dans la marche de la maison. C'est ce qui se passait chez un homme riche qui était sur le point de partir en voyage. Cet homme se demandait ce qu'il allait faire de son argent pendant son absence. Un homme pauvre l'aurait enterré à un endroit qu'il aurait été seul à connaître. Un homme riche pouvait le cacher dans sa maison, mais n'est-ce pas tenter les voleurs ? Il pouvait aussi le déposer à la banque où il lui rapporterait des intérêts. Mais pour cet homme riche il y avait une façon de le faire rapporter bien davantage. Il décida de confier son argent à ses serviteurs et de les charger de le faire fructifier. Il les laisserait libres de choisir les meilleurs moyens de faire des bénéfices du moment que les résultats étaient bons.

Le jour de son départ, il rassembla ses serviteurs et leur dit : "En mon absence, je compte sur vous pour faire fructifier mon argent." Sur la table, il avait préparé huit sacs d'or, représentant chacun la valeur d'un talent. Il connaissait bien ses serviteurs et savait ce dont chacun était capable. Au premier il donna cinq talents, au second deux talents et au troisième seulement un talent. Le premier serviteur s'appliqua aussitôt à faire valoir les talents qu'il avait reçus. Il se lança dans le commerce avec grand succès et les cinq talents qu'il avait en rapportèrent cinq autres. Le second serviteur, lui aussi, fit sagement fructifier son argent, car avec ses deux talents, il en gagna deux autres. Mais celui qui n'avait reçu qu'un talent se hâta d'aller l'enfouir sous terre. "Au moins, pensait-il, l'argent de mon maître est en sécurité." Longtemps après, le maître revint de voyage. Une des premières choses qu'il fit en arrivant fut de demander des comptes à ses serviteurs. Le premier s'avança fièrement et posa sur la table ses dix sacs d'argent. "Maître, dit-il, vous m'aviez confié cinq talents, en voici cinq autres que j'ai gagnés.

— C'est bien, bon et fidèle serviteur, lui dit le maître. Parce que tu as été fidèle en de petites choses, je t'en confierai d'autres. Viens participer à ma joie." Puis le second serviteur apporta ses quatre sacs : "Vous m'aviez confié deux sacs, dit-il, en voici deux autres que j'ai gagnés.
— C'est bien, bon et fidèle serviteur, dit encore le maître. Parce que tu as été fidèle dans les petites choses, je t'en confierai de grandes. Entre dans la joie de ton maître." Celui qui n'avait reçu qu'un talent s'approcha à son tour et dit : "Maître, je sais que vous êtes un homme dur. Vous arrivez à moissonner là où vous n'avez rien semé et à ramasser quelque chose là où vous n'avez rien jeté. J'ai eu peur, je suis allé enfouir mon talent dans la terre. Le voici, il est à toi. — Serviteur mauvais et paresseux ! s'écria le maître. Tu savais que je moissonne où je n'ai rien semé et que je ramasse où je n'ai rien jeté, il fallait confier mon argent à une banque qui m'aurait au moins rapporté des intérêts. Prenez-lui son talent, et donnez-le à celui qui en a déjà dix. Et ce propre à rien, jetez-le dehors !"

Dans cette parabole, le maître représente Dieu et les serviteurs des hommes à la conduite différentes. Par ses prophètes, Dieu a permis aux hommes de le connaître. Certains font bon usage de cette connaissance : ils la répandent autour d'eux et la font partager aux autres. D'autres, au contraire, la garde pour eux, ils la cachent. Si bien que Dieu n'en reçoit aucun profit.
Le mot talent existe encore de nos jours avec un sens différent. Il désigne la capacité d'une personne de se livrer à une activité particulière. Cela s'appelle aussi un don. Ces deux mots indiquent que quelque chose nous a été confié, tout comme une certaine somme d'argent avait été confiée aux serviteurs. Plus nous en ferons usage, plus nos talents grandiront. C'est Dieu qui les a mis à notre disposition, nous devons les mettre au service de Dieu et au service des autres.

Soyez prêts

Les mariages, à l'époque de Jésus étaient l'occasion de grandes fêtes qui duraient toute une semaine. Le banquet de mariage se passait un soir, chez le marié. Tous ses amis se rassemblaient alors et venaient l'aider à se préparer. Pendant ce temps, la mariée elle aussi se préparait chez elle, entourée de ses amies et la coutume voulait qu'elles attendent toutes ensemble que le marié et les autres jeunes gens viennent les chercher. Puis, tous partaient en joyeuse procession vers la maison du marié. Pour éclairer la marche, les jeunes filles portaient chacune une petite lampe à huile. Comme la mariée et ses amies ne savaient pas combien de temps elles auraient à attendre le marié, elles devaient prendre suffisamment d'huile pour ne pas en manquer au dernier moment. Elles gardaient leurs lampes allumées toute la soirée, prêtes à partir à chaque instant.

"A un certain mariage, dit Jésus, il arriva que les jeunes gens se firent attendre. La mariée avait avec elle dix jeunes filles. Cinq d'entre elles étaient prévoyantes. Elles avaient apporté une réserve d'huile. Mais les cinq autres étaient imprévoyantes, elles n'en avaient pas apporté. Toutes s'étaient endormies dans l'attente de l'époux. Soudain, au milieu de la nuit, un cri retentit : "Voici l'époux, sortez au-devant de lui !" Les jeunes filles imprévoyantes s'aperçurent que la flamme de leurs lampes commençait à vaciller. Elles n'avaient presque plus d'huile. "Nos lampes s'éteignent, direntelles aux jeunes filles prévoyantes. Donnez-nous de votre huile ! — Nous risquerions de ne plus en avoir suffisamment, répondirent les jeunes filles prévoyantes. Allez plutôt chez les marchands et achetez-en pour vous !"
Pendant que les jeunes filles imprévoyantes allaient acheter de l'huile, le marié et ses amis arrivèrent. La procession se rendit jusqu'à la maison du marié. Bien plus tard, quand les autres jeunes filles arrivèrent enfin et qu'elles frappèrent à la porte en criant :
"Seigneur, seigneur, ouvreznous !" le marié leur cria : "En vérité, je ne vous connais pas. Veillez donc, car vous ne savez ni le jour ni l'heure."
Jésus dans cette parabole compare la salle du festin au royaume de Dieu. Nous sommes invités à y entrer, mais certains n'y rentreront pas faute de s'être préparés. Des invités insouciants apparaissent aussi dans une autre parabole. Ceuxci avait été conviés à un banquet organisé par un homme riche. Une fois la table prête, il avait envoyé ses serviteurs prévenir les invités qu'il était l'heure de

venir. Mais ils se trouvèrent tous des prétextes pour ne pas se rendre à son invitation.
"Je viens à l'instant d'acheter un champ, dit l'un. Je dois aller le voir." Un autre devait aller voir une nouvelle paire de bœufs, un troisième venait de se marier et ne voulait pas laisser sa femme. Les serviteurs revinrent seuls. "Allez sur les routes et ramenez tous ceux que vous trouverez", ordonna alors le maître. Ce banquet représente encore le royaume de Dieu. Le peuple élu a été prévenu de l'arrivée du royaume de Dieu, par Jean-Baptiste puis par Jésus, mais beaucoup ne répondent pas à l'appel de Dieu. D'autres prendront leur place, des gens qu'ils méprisent parce que ce sont des pécheurs ou parce qu'ils ne respectent pas la religion d'une manière stricte. Jésus rappelait souvent qu'entrer dans le royaume de Dieu demande que l'on soit prêt à payer un certain prix, à renoncer par exemple à ses richesses. Un jour, justement, un jeune homme riche accourut vers Jésus, se mit à genoux et demanda :
"Maître, que dois-je faire pour entrer dans le royaume de Dieu ? — Tu connais les commandements de la vie éternelle, lui répondit Jésus. — Maître, lui dit le jeune homme, j'ai observé ces commandement dès ma jeunesse." Jésus le regarda. Il vit qu'il aurait fait un bon disciple. Alors il lui dit : "Une chose te manque. Va, vends tout ce que tu as, donne-le aux pauvres ; ainsi tu auras un trésor dans le ciel. Puis viens et suis-moi." Le jeune homme se releva et s'en alla tristement, car il avait beaucoup de biens. Jésus le regarda partir et dit à ses disciples : "Qu'il est difficile à un homme riche d'entrer dans le royaume de Dieu !"

Le sauveur Jésus

A partir de l'âge de trente ans, Jésus parcourut en prêchant la région qui s'étend autour de Capharnaüm. Pendant environ trois ans, il se déplaça sans cesse avec ses apôtres, le plus souvent à pied, mais parfois il empruntait une de leurs barques. Cela permettait de traverser la Mer de Galilée plus rapidement mais aussi d'échapper à la foule. Assez vite, en effet, il était devenu populaire et, partout où il passait, les gens s'amassaient sur son passage. Ils aimaient l'entendre prêcher. Cela les changeait de ce qu'ils avaient l'habitude d'entendre venant des scribes et des rabbins.
Lui, il empruntait ses exemples à la vie de tous les jours, parlant de choses que chacun pouvait voir autour de soi. Il disait : "Regardez au flanc de la colline comment le semeur jette son grain. Voyez où tombe la semence...
"Regardez dans le ciel ce vol d'oiseaux tourbillonnants. Dieu qui pourvoie à leur nourriture ne pourvoierait pas à la nôtre ? Ne nous soucions donc pas de ce que nous allons manger.
"Regardez les tapis de fleurs des champs. Dieu les vêt de façon magnifique. Pourquoi ne pas lui faire confiance aussi pour nos vêtements ?" Jésus enseignait en racontant des histoires, non en prononçant des sermons. Il commençait ainsi : "Le royaume de Dieu est comme..." car ses histoires étaient des paraboles c'est-à-dire des comparaisons. Il employait aussi des formules imagées. Il disait aux apôtres : "Vous êtes la lumière du monde". Les lampes à huile dont on se servait pour éclairer les maisons étaient placées à des endroits bien en vue pour que chacun en profite. Les disciples devaient croire en Dieu ouvertement pour que tous aient connaissance de la gloire de Dieu. Jésus leur disait aussi : "Vous devez être le sel de la Terre."
Le sel, à cette époque était rare et précieux. Dans un pays chaud comme le pays de Jésus, ce n'est que grâce au sel que les aliments pouvaient être conservés. Sans sel, les aliments s'abîmaient. Les apôtres devaient être le "sel" dans le monde des hommes.
La puissance du royaume de Dieu éclatait non seulement dans les paroles de Jésus, mais aussi dans ses actes. Si bien qu'il surprenait de plus en plus. Qui pouvait bien être ce prophète parlant librement sans s'inquiéter de l'enseignement des rabbins et agissant comme s'il était tout-puissant ? Un jour, Jésus était chez Pierre à Capharnaüm. En l'apprenant, une foule se rassembla. La maison fut vite remplie et

beaucoup restèrent à l'extérieur.
Quatre hommes survinrent alors, portant sur un brancard, un de leurs amis qui était paralysé. Si seulement ils pouvaient le montrer à Jésus, ils étaient sûrs qu'il le guérirait. Quand ils virent la foule qui empêchait d'entrer dans la maison, ils eurent l'idée de passer par le toit. Ils hissèrent leur ami par l'escalier extérieur qui montait sur la terrasse et commencèrent à faire un trou entre les solives. Bientôt, ils purent faire descendre la civière devant Jésus. Jésus admira la foi des quatre hommes. "Fils tes péchés te sont remis", dit-il au paralytique. Des scribes qui se trouvaient dans la foule commencèrent à murmurer: "Qui est-il donc? Il blasphème. Dieu seul peut remettre les péchés."
Jésus connaissait le fond de leurs pensées. Il leur dit: "Pourquoi vous tourmentez-vous? Quel est le plus facile? Dire à ce paralysé "tes péchés te sont remis", ou "lève-toi et marche"? Pour que vous sachiez que le Fils de l'Homme a le pouvoir de pardonner, "lève-toi, dit-il au paralytique, prends ton lit et rentre chez toi!" Aussitôt, celui-ci se leva, prit son lit et sortit sous les yeux de la foule. "Nous n'avons jamais rien vu de pareil", se dirent les gens les uns aux autres.
Une autre fois, une foule nombreuse avait suivi Jésus et ses apôtres dans la campagne. Jésus leur parla pendant longtemps. Il était déjà tard quand ses apôtres vinrent lui dire: "Dans cet endroit désert, ces gens ne trouveront rien à manger. Il faut les renvoyer pour qu'ils aillent acheter quelque chose dans les fermes et les villages d'alentour. — Donnez-leur vous-même quelque chose à manger, leur répondit Jésus. — Mais faudra-t-il que nous allions acheter pour deux cents deniers de pain? demanda Philippe. — Combien avons-nous de pain? Allez vous renseigner", dit Jésus. Dans l'assistance, on trouva un jeune garçon qui avait cinq pains d'orge et deux petits poissons et qui voulait bien les donner. Alors Jésus ordonna que l'on fasse asseoir tout le monde, puis il prit les pains d'orge et, levant les yeux aux ciel, il les bénit. Il les rompit en morceaux et les donna à ses disciples pour qu'ils les distribuent. Ensuite, il fit la même chose avec les poissons. Tous ceux qui étaient présents eurent à manger à leur faim et il resta même de quoi remplir douze paniers avec les restes. Or, cinq mille personnes avaient été nourries.

Le Christ Jésus

Plus Jésus devenait populaire, plus il se faisait d'ennemis. Les scribes et les Pharisiens lui en voulaient. Les scribes étaient des spécialistes de l'étude des Écritures Saintes, et les Pharisiens étaient ceux qui suivaient les rites de la religion jusqu'à ses plus infimes détails. Jésus traitait scribes et Pharisiens d'hypocrites, c'est-à-dire de comédiens. Il leur reprochait de pratiquer la religion pour que tout le monde sache bien comme ils étaient pieux. Jésus se moquait de leurs coutumes rigides. Il n'hésitait pas, lui, à venir en aide aux affligés le jour du Sabbat. Il mettait sa propre loi avant les lois sacrées. Il se liait d'amitié avec des pécheurs qui étaient rejetés par la religion traditionnelle. Il critiquait si ouvertement scribes et Pharisiens qu'ils avaient peur de perdre leur prestige aux yeux du peuple. A Jérusalem, Jésus avait d'autres ennemis : les Sadducéens, importants personnages qui contrôlaient le culte au Temple et tenaient la cour de justice réservée aux Juifs. Ils étaient en bons termes avec les occupants romains et tenaient à le rester. La Galilée leur semblait une région suspecte, car, de temps à autre une révolte y éclatait, menée par quelqu'un qui se prétendait le sauveur attendu par les Juifs. Jésus, ce nouveau prophète dont ils avaient entendu parler, ne manquait pas de les inquiéter. En Galilée même, le roi Hérode se méfiait de Jésus. Il était tellement détesté par les habitants de Galilée, que tous ceux qui devenaient populaires lui apparaissaient comme une menace. Ce Jésus commençait à prendre trop d'importance. Jésus savait qu'en restant en Galilée il risquait de se faire arrêter par les partisans d'Hérode. Alors, avec ses disciples, il partit pour une ville du nord : Césarée de Philippe.

Sur la route, il interrogea ses apôtres:
"Qui les gens disent-ils que je suis? leur demanda-t-il.
— Certains disent que vous êtes Jean-Baptiste qui serait ressuscité, d'autres que vous êtes le prophète Élie qui serait revenu sur la Terre, d'autres encore le prophète Jérémie, répondirent les apôtres. — Et vous, qui pensez-vous que je suis? — Maître, s'écria Pierre, vous êtes le Christ, fils du Dieu vivant." En réponse, Jésus lui déclara: "Tu es heureux, Simon, fils de Jonas, car cette révélation t'est venue de mon père qui est dans les cieux. Eh bien, moi, je te dis: Tu es Pierre, et sur cette pierre je bâtirai mon église."
Puis, il recommanda aux disciples de ne dire à personne qu'il était le Christ. A partir de ce jour, il leur fit comprendre qu'il allait devoir se rendre à Jérusalem pour y souffrir et y mourir. Quelques jours après leur avoir dit qu'il était le Christ, il emmena avec lui Pierre, Jacques et Jean, son frère, au sommet d'une montagne. Et là, il leur apparut soudain transfiguré, le visage brillant comme le soleil et sa robe d'une blancheur éblouissante. En même temps, leur apparurent Moïse et Élie qui s'entretenaient avec Jésus. Une nuée lumineuse se forma au-dessus d'eux et une voix dit: "Celui-ci est mon fils bien-aimé. Écoutez-le." Les apôtres tombèrent face contre terre, effrayés. Mais Jésus leur dit: "Relevez-vous et n'ayez pas peur." Levant les yeux, ils ne virent plus que Jésus seul. Et celui-ci ajouta:
"Ne parlez de cela à personne avant que le Fils de l'Homme ressuscite d'entre les morts." Mais ils n'osèrent pas lui demander ce qu'il voulait dire.

Jérusalem

L'histoire de Jésus est racontée dans la Bible dans les quatre Évangiles, mot qui signifie "livre de la Bonne Nouvelle." Ils furent écrits par saint Matthieu, saint Marc, saint Luc et saint Jean.
Seul l'Évangile de saint Jean raconte un incident qui se passa à Jérusalem. Jésus y était venu à l'occasion de la fête de la Dédicace qui a lieu en décembre. Alors qu'il marchait sous les colonnades du Temple, il fut interpellé par un groupe de Juifs qui lui dirent : "Jusqu'à quand vas-tu nous faire attendre ? Si tu es le Christ, dis-le nous clairement." Jésus leur répondit : "Je vous le dis, et vous ne me croyez pas. Les œuvres que je fais au nom de mon père rendent témoignage de moi. Mais vous ne me croyez pas, parce que vous n'êtes pas de mes brebis. Mes brebis écoutent ma voix, je les connais, et elles me suivent. Et moi, je leur donne la vie éternelle, elles ne mourront jamais et nul ne les arrachera de ma main. Le Père qui me les a données est plus grand que tous et nul ne peut rien arracher de la main du Père. Le Père et moi, nous sommes un."
Ces gens apportèrent alors des pierres pour le lapider parce qu'il avait blasphémé, mais il s'échappa. Avec ses disciples, il alla près du Jourdain, dans la région où Jean-Baptiste l'avait baptisé. C'est là qu'il apprit que son ami Lazare était malade.
Lazare habitait à Béthanie, près de Jérusalem, avec ses sœurs Marthe et Marie. Jésus s'arrêtait souvent chez eux. Il aimait cette famille. En apprenant qu'il était malade, il attendit deux jours puis dit aux apôtres : "Allons de nouveau en Judée." Les apôtres furent effrayés à l'idée qu'il allait se rapprocher de Jérusalem : "Maître, dirent-ils, tout récemment les Juifs cherchaient à vous lapider et vous y retournez ? — Notre ami Lazare dort, répondit Jésus. Je vais le réveiller. — S'il dort, il guérira, dirent les disciples. — Lazare est mort. Et à cause de vous, afin que vous croyiez, je me réjouis de ce que je n'y étais pas. Mais allons à lui."
Il leur annonçait ainsi qu'il allait ressusciter Lazare.
En arrivant au tombeau où Lazare était enseveli, car sa mort datait déjà de quatre jours, il ordonna qu'on ôte la pierre qui en fermait l'entrée. Puis il cria : "Lazare, sors !" Et le mort sortit, les pieds et les mains liés de bandelettes et le visage recouvert d'un linge. Jésus dit :

"Déliez-le et laissez-le aller." Cette résurrection fut rapportée aux Pharisiens et aux Sadducéens qui s'assemblèrent en conseil. "Que faire ? se dirent-ils. Si cet homme continue à faire des miracles, tous croiront en lui. Les Romains craindront qu'une nouvelle rébellion se prépare contre eux, ils viendront détruire le Temple de Jérusalem et notre nation toute entière. — Il vaut mieux qu'un seul homme périsse plutôt que toute notre nation", dit Caïphe, le Grand-Prêtre. Et à partir de ce moment, ils réfléchirent au moyen de tuer Jésus. En Galilée, Jésus avait échappé à Hérode, en Judée ce sont les chefs religieux qui voulaient se saisir de lui. Il partit alors passer quelque temps dans une région désertique aux environs de la ville d'Ephraïm.
Mais la fête de la Pâque approchait. C'était la plus grande fête juive et c'était aussi le moment où Jésus allait devoir souffrir sa passion. Il en parla ouvertement aux apôtres : "Voici que nous montons à Jérusalem, dit-il, le Fils de l'Homme sera livré aux Princes des Prêtres et aux scribes. Ils le condamneront à mort et le livreront aux païens. On se moquera de lui, on crachera sur lui, on le flagellera, on le fera mourir. Mais le troisième jour, il ressuscitera."
Mais les apôtres ne comprirent rien à ce qu'il disait. En allant à Jérusalem, ils s'arrêtèrent à Béthanie quelques jours. Le matin du jour que les chrétiens appellent le Jour des Rameaux, le premier jour de la Semaine Sainte, ils marchèrent vers Jérusalem avec tous les Juifs qui se rassemblaient pour la Pâque. Jésus avait envoyé deux de ses apôtres chercher un âne dans un village voisin appelé Bethphagé. "Si quelqu'un vous demande pourquoi vous détachez cet âne, leur avait-il dit, répondez : "Le Seigneur en a besoin, mais il le renvoie aussitôt." Cela se passa comme il l'avait dit. Les apôtres mirent des manteaux sur le dos de l'âne, et Jésus y monta. Dans la foule qui marchait vers Jérusalem, des gens reconnurent Jésus et se mirent à l'acclamer. Ils jetaient des manteaux sous les pas de son âne et agitaient des branches coupées en criant : "Béni soit le roi qui vient au nom du Seigneur ! Paix dans le ciel ! Hosanna au plus haut des cieux !" Quelques Pharisiens qui se trouvaient là dirent avec indignation : "Maître, faites taire vos disciples. — S'ils se taisaient, répondit Jésus, les pierres elles-mêmes se mettraient à crier !"
Le lendemain, Jésus revint à

Jérusalem après avoir passé la nuit à Béthanie. Il se rendit au Temple. Dans la cour extérieure, les marchands avaient, comme d'habitude, dressé leurs étalages. Il y avait là des animaux à vendre pour être offerts en sacrifice au Temple, agneaux, bœufs, colombes en cage. Des changeurs de monnaie avaient empilé des pièces de toute origine sur leurs tables, car seule la monnaie juive était acceptée pour les offrandes au Temple. Ils changeaient des pièces venant d'Asie mineure, d'Égypte, de Rome, de Grèce. En quelques instants, Jésus stupéfia l'assistance. Il prit les tables des changeurs et les retourna : les pièces roulèrent dans toutes les directions. Puis avec un morceau de corde, il chassa les animaux qui se répandirent à travers la cour.

En même temps, il criait : "N'est-il pas écrit : *Ma maison sera appelée maison de prières pour toutes les nations ?* Et vous, vous en avez fait un repaire de brigands." Les grands prêtres et les scribes, apprenant ce qu'il avait fait, cherchaient comment le faire périr. Ils le craignaient, car tous ceux qui l'écoutaient étaient ravis de son enseignement. En agissant ainsi, Jésus avait réalisé une prophétie ancienne qui avait annoncé que le Sauveur viendrait au Temple et le purifierait. Encore une fois, il démontrait qu'il était bien celui que les Juifs attendaient.

Le jour suivant, il vint à nouveau au Temple et s'adressa à la foule. Des prêtres et des scribes, mêlés à l'assistance, l'écoutaient. Il raconta une parabole : "Un homme planta une vigne. Il l'entoura d'une haie, creusa un emplacement pour le pressoir et construisit une tour pour la surveiller. Puis, devant partir en voyage, il la loua à des vignerons.
Quand vint le temps de la récolte, il envoya un de ses serviteurs demander aux vignerons l'argent qu'ils lui devaient. Mais ils se saisirent de lui, le battirent et le renvoyèrent les mains vides. Il leur envoya un autre serviteur, et celui-là aussi, ils le frappèrent à la tête et l'accablèrent d'outrages. Il leur en envoya beaucoup d'autres. Ils tuèrent certains et frappèrent les autres. Il lui restait son fils bien-aimé. Il l'envoya le dernier en se disant : "Au moins, ils auront du respect pour mon fils" mais les vignerons se dirent entre eux : "Tuons-le. Ainsi nous hériterons de la vigne." Ils se saisirent de lui, le tuèrent et le jetèrent hors de la vigne.
Que fera le maître de la vigne ? Il fera périr ces vignerons et il donnera sa vigne à d'autres."

Tout le monde comprit le sens de cette parabole. Le champ de vigne représentait Israël. Les vignerons représentaient le peuple élu à qui Dieu avait envoyé ses prophètes l'un après l'autre. Un à un, ils avaient été rejetés ou mis à mort. Jésus, le fils de Dieu, allait être lui aussi rejeté et mis à mort.
Prêtres et scribes savaient que cette parabole avait été racontée contre eux. S'il n'y avait pas eu une telle foule autour de Jésus, ils s'en seraient saisis aussitôt. Mais ils n'osèrent pas. Ils lui envoyèrent quelques Pharisiens et des partisans d'Hérode pour essayer de le prendre en défaut en lui posant des questions difficiles. Ils commencèrent par lui faire des compliments: "Maître, lui dirent-ils, nous savons que tu enseignes en toute franchise sans craindre personne. Est-il permis ou non de payer l'impôt à César?"
La foule se demanda comment Jésus allait répondre à cette question. S'il disait qu'il ne fallait pas payer d'impôt aux Romains, il risquait de se faire arrêter pour rébellion. Mais les impôts prélevés par les Romains étaient détestés par les Juifs et personne n'aurait admis qu'il recommande de les payer. Il aurait aussitôt perdu sa popularité. Les prêtres auraient pu alors s'emparer de lui sans que personne s'y oppose. Mais Jésus les surprit tous.
"Quels hypocrites vous êtes! répondit-il. Pourquoi me tendez-vous un piège? Apportez-moi un denier que je le voie." On lui en apporta un. Il le tint en l'air. On voyait nettement le profil de César, l'empereur romain, qui y était gravé. "De qui est l'effigie que voici?" demanda-t-il. "De César", répondirent-ils.
Alors Jésus dit: "Rendez à César ce qui est à César et à Dieu ce qui est à Dieu." Ce qui signifie: la pièce portant l'effigie de César est à César, mais l'homme fait à l'image de Dieu appartient à Dieu. Les spectateurs étaient stupéfaits par la réponse de Jésus. Quant aux scribes et aux Pharisiens ils se demandaient à quel moment ils finiraient par s'en débarrasser.

Jésus souffre

Il s'agissait pour les chefs religieux de trouver un moyen d'arrêter Jésus sans déclencher une émeute dans la population. Il fallait s'en saisir quand il serait seul. Judas Iscariote, un des douze apôtres, vint en aide aux prêtres. Il alla leur proposer de leur livrer Jésus, s'ils acceptaient de lui payer sa trahison. Ceux-ci, pleins de joie, lui promirent trente pièces d'argent. Et Judas se mit à guetter le moment favorable. Le Jeudi Saint, Jésus envoya deux de ses disciples chercher une salle pour y faire le repas de la Pâque le soir-même, soit un jour plus tôt que la coutume juive le demandait. Mais Jésus savait qu'il n'avait pas beaucoup de temps. Pâque signifie passage. Par cette fête, les Juifs célébraient le souvenir du passage de leurs ancêtres de l'esclavage à la liberté, quand, sous la conduite de Moïse, ils s'étaient échappés d'Égypte où ils étaient esclaves pour venir en Israël, la terre promise par Dieu à son peuple élu. Donc, Jésus dit à Pierre et Jean : "A votre entrée en ville, vous verrez un homme portant une cruche d'eau. Suivez-le et dites au propriétaire de la maison dans laquelle il pénétrera: "Le Maître te fait dire : "Où est la salle où je pourrai manger la Pâque avec mes disciples ?" Et celui-ci vous montrera une grande pièce à l'étage, garnie de coussins. Faites-y les préparatifs." Et cela se passa comme Jésus l'avait dit.

Le soir venu, avant de se mettre à table, Jésus lava les pieds de ses disciples. C'était la coutume que les serviteurs lavent les pieds poussièreux des invités quand ils arrivaient. En agissant ainsi, Jésus voulait donner un exemple à ses disciples. "Vous aussi, leur dit-il, vous devez servir les autres comme je vous ai servis." Pendant le repas, il prit un pain. C'était un pain sans levain, le seul que les Juifs avaient le droit de manger à cette époque de l'année. Il le bénit. Puis, il le rompit en morceaux et en donna un morceau à chacun des apôtres en disant : "Prenez et mangez. Ceci est mon corps, livré pour vous. Faites ceci en mémoire de moi." Il prit ensuite la coupe de vin et la bénit. Il la passa aux apôtres en disant : "Ceci est mon sang, le sang de la nouvelle alliance, répandu pour vous et pour la multitude, en rémission des péchés." L'alliance représente un accord passé entre Dieu et les hommes. L'Ancienne Alliance avait été conclue par Moïse entre Dieu et son peuple élu au moyen du sang d'un agneau sacrifié. Plus tard, le prophète Jérémie avait annoncé que Dieu ferait une Nouvelle Alliance avec les hommes. Cette fois, c'est Jésus qui allait être sacrifié et son sang répandu scellerait la nouvelle entente entre Dieu et les hommes. De nos jours, les chrétiens se souviennent de leur alliance avec Dieu quand ils reçoivent le pain et le vin consacrés, le corps et le sang du Christ.

Pendant le repas, Judas était sorti discrètement. Après son départ, Jésus parla un long moment à ses apôtres. "Je vous donne un commandement nouveau, leur dit-il: c'est que vous vous aimiez les uns les autres. C'est à cela que tous vous reconnaîtront pour mes disciples. à l'amour que vous aurez les uns pour les autres." Puis il leur dit: "Tous cette nuit vous serez démoralisés à mon sujet, car il est écrit: *Je frapperai le pasteur, et les brebis seront dispersées."* Pierre s'exclama: "Quand bien même tous seraient démoralisés, du moins pas moi!"
Mais Jésus lui répondit: "En vérité, en vérité, je te le dis, aujourd'hui même, avant que le coq ait chanté deux fois, tu m'auras renié trois fois." Mais Pierre protestait de sa fidélité, et tous les autres en firent autant.
Après le dîner, Jésus et ses apôtres se rendirent sur les pentes du Mont des Oliviers, dans un jardin appelé Gethsémani dont le nom signifie pressoir à huile, car on y pressait les olives. Jésus avait l'habitude de venir se recueillir à cet endroit. Et cela, Judas le savait bien.
Jésus prit avec lui ses trois apôtres préférés, Pierre, Jacques et Jean et il leur dit d'une voix brisée: "Mon âme est triste jusqu'à la mort. Restez ici et veillez avec moi." Il s'écarta un peu d'eux trois et se prosterna. La face contre terre, il priait. Ils l'entendirent qui disait: "Abba, Père, si vous le pouvez, éloignez de moi ce calice de douleur; cependant que votre volonté soit faite et non la mienne."

Les apôtres étaient fatigués. Ils s'endormirent. Trois fois Jésus vint les voir, et chaque fois il les trouva endormis. La troisième fois, il les réveilla car on entendait du bruit. Des lumières approchaient entre les arbres. "L'heure est venue, leur dit-il. Levez-vous, allons. Le Fils de l'Homme a été trahi et voici le traître." Un groupe armé venait vers eux. En tête marchait Judas. "Salut, Maître", dit-il. Et il donna un baiser à Jésus. C'était le signe convenu pour désigner Jésus à ceux qui venaient l'arrêter. Pierre tira alors une épée et blessa à l'oreille droite un serviteur du Grand-Prêtre. "C'est assez, dit Jésus. Penses-tu que je ne puisse pas prier mon père et qu'il ne m'enverrait aussitôt douze légions d'anges? Ne faut-il pas que je boive le calice que mon père m'a donné?" D'un geste il guérit l'oreille de celui qui avait été blessé, puis il dit: "Pourquoi êtes-vous venu à moi comme vers un malfaiteur, avec des épées et des bâtons? J'étais au milieu de vous à enseigner chaque jour au temple. Vous auriez pu me prendre là."

Jésus fut emmené prisonnier et ses apôtres s'enfuirent tous. Suivant la prédiction, le berger était captif et les brebis dispersées.

Jésus meurt

Les mains liées, Jésus fût emmené à Jérusalem. On le conduisit d'abord chez Anne, un ancien Grand-Prêtre, qui était une personnalité respectée. C'est lui qui devait décider s'il y avait suffisamment de preuves contre Jésus pour qu'il passe en jugement. Il le questionna sur son enseignement.
"J'ai toujours prêché ouvertement, répondit Jésus. J'enseignais dans les synagogues et au Temple, là où tout le monde s'assemble. Je n'ai rien dit en secret. Pourquoi me questionner ? Demandez à ceux qui m'ont entendu. Ils savent ce que j'enseignais." Un des serviteurs présents frappa alors Jésus en disant: "Est-ce ainsi que tu réponds au Grand - Prêtre ? — Si j'ai mal parlé, répondit Jésus, dis-moi comment. Mais si j'ai bien parlé, pourquoi me frappes-tu ?" Anne envoya Jésus à Caïphe, le Grand-Prêtre qui avait dit qu'il valait mieux faire périr un homme qu'une nation toute entière. Il avait rassemblé chez lui les chefs religieux et des témoins pour confondre Jésus. Simon Pierre et un autre disciple avaient suivi le petit groupe d'hommes qui avaient emmené Jésus. Ils entrèrent dans la cour de la maison de Caïphe. Des serviteurs se chauffaient autour d'un feu. Pierre prit place parmi eux. L'autre disciple entra dans la maison. La servante qui lui ouvrit la porte jeta un regard sur Pierre et le reconnut: "Toi aussi, dit-elle, tu étais avec Jésus le Nazaréen, comme ton ami. — Femme, répondit Pierre, je ne sais pas ce que tu dis. Je ne le connais pas." Minuit était passé maintenant. Dans le lointain, un coq chanta. Près du feu, les serviteurs bavardaient. Une des servantes montra Pierre du doigt en disant: "Cet homme était avec Jésus. Il est de ces gens-là." — Non, répondit encore Pierre. Je ne connais pas cet homme." Plus tard, un homme lui dit encore: "Tu es Galiléen, je le reconnais à ton accent." Cette fois Pierre jura: "Homme, je ne connais pas cet homme dont tu parles." Et le coq chanta à nouveau. Alors Pierre vit que Jésus qui se tenait debout devant ses accusateurs tournait la tête vers lui. Il se souvint de ce qu'il lui avait dit. Il se rendit compte de ce qu'il avait fait. Il sortit et pleura.

Caïphe interrogeait Jésus. "Es-tu le Christ Jésus ? lui demanda-t-il. — Tu l'as dit, je le suis, répondit Jésus. Et vous verrez le Fils de l'Homme assis à la droite de Dieu et venant sur les nuées du ciel." Alors le Grand-Prêtre s'écria : "Quel besoin avons-nous de témoins ! Vous avez entendu le blasphème. Que vous en semble ?"
Tous déclarèrent qu'il était coupable et qu'il méritait la mort. Alors, quelques uns se mirent à lui cracher dessus, à le gifler et à se moquer de lui. Même les serviteurs en firent autant. Jésus avait dit ouvertement qu'il était le Messie : c'était un blasphème pour ceux qui ne croyaient pas en lui. Le blasphème était puni de mort : Caïphe et les prêtres avaient obtenu ce qu'ils voulaient. Jésus était condamné à mort.
Mais seul le gouverneur romain, Ponce Pilate, pouvait ordonner qu'un homme soit mis à mort. On lui amena Jésus. Les Juifs lui rapportèrent toutes les fausses accusations qu'ils avaient inventées contre lui. "Il soulève le peuple ; il dit qu'il ne faut pas payer les impôts ; il prétend être roi." Toutes ces accusations pouvaient impressionner un gouverneur romain, mais Ponce Pilate voyait que cet homme n'était pas un dangereux rebelle comme on voulait le lui faire croire. Il ne se défendait même pas ! Il dit aux Juifs : "Prenez-le vous-même et jugez-le selon votre loi. — Nous n'avons pas le droit d'infliger la peine de mort", répondirent-ils. Ils se mirent à accuser Jésus de plus belle : "Il soulève le peuple de Galilée contre les Romains." En entendant dire que Jésus venait de Galilée, Ponce Pilate eut l'idée de l'envoyer à Hérode, le gouverneur de cette région, qui se trouvait à Jérusalem ce jour-là.
Hérode se réjouit de voir Jésus. Il espérait qu'il ferait des miracles devant lui. Mais Jésus se tint en face d'Hérode sans rien dire. Alors, Hérode le renvoya à Pilate. Celui-ci déclara alors : "J'ai accusé cet homme en votre présence et je n'ai rien trouvé des crimes dont vous l'accusez, Hérode non plus." Mais la foule assemblée à l'extérieur se mit à réclamer qu'il libère un prisonnier. C'était la coutume que le gouverneur remette en liberté un prisonnier en l'honneur de la fête de la Pâque. Ponce Pilate pensa qu'il avait là un moyen de faire libérer Jésus. Un certain voleur, Jésus Barabbas, était alors en prison. Pilate cria à la foule : "Je vais respecter la coutume. Qui voulez-vous que je libère Jésus Barabbas ou Jésus qui se dit roi

des Juifs ?" Les prêtres firent donner l'ordre de crier "Barabbas". "Barabbas ! Barabbas ! cria la foule. — Que ferai-je donc de Jésus qu'on appelle Christ ? demanda Pilate. — Qu'il soit crucifié ! répondit la foule. — Mais quel mal a-t-il donc fait ?" questionna le gouverneur. Mais ils criaient de plus en plus fort : "Qu'il soit crucifié !"

La crucifixion était une manière horrible de mettre les gens à mort. Les Romains l'avaient apprise des Carthaginois. C'est une mort qu'on réservait généralement aux esclaves, aux rebelles, ou aux criminels. Le condamné était sévèrement flagellé avec un fouet de cuir et de plomb. Puis il devait lui-même porter la lourde poutre de bois qui servirait à le crucifier jusqu'au lieu du supplice. Là, le pied de la croix était déjà planté dans le sol. On clouait les mains du condamné à la poutre transversale, et il était attaché à la croix par des cordes. Il restait là, suspendu juste au-dessus du sol, jusqu'à ce qu'il meure ce qui pouvait prendre plusieurs heures.

Quand ils eurent flagellé Jésus, les soldats de Pilate s'amusèrent à le déguiser en roi. Il lui mirent un manteau rouge et une couronne qu'ils fabriquèrent avec des épines. Puis ils lui mirent un roseau dans la main comme sceptre. Ils s'amusaient à le saluer en disant : "Salut, roi des Juifs !" et ils le frappaient. Enfin, ils l'emmenèrent pour le crucifier. Il porta la lourde poutre jusqu'au Golgotha, c'est à dire le calvaire. Avec lui marchaient deux voleurs qu'on devait crucifier en même temps. Ils furent placés sur leur croix, l'un à gauche, l'autre à droite de Jésus.
Sur l'écriteau qu'on plaça en haut de la croix de Jésus on écrivit "Jésus roi de Nazareth"

en trois langues: l'hébreu, langue des Juifs, le latin, langue des Romains et en grec. Jésus fut crucifié à neuf heures du matin. Quatre soldats qui se trouvaient là se partagèrent, comme c'était la coutume, les vêtements des condamnés. Comme la tunique de Jésus était tissée d'un seul morceau impossible à partager, ils la tirèrent au sort. Un groupe de femmes en pleurs se tenait au pied de la croix, et parmi elles, Marie la mère de Jésus. Avec elles, il y avait un apôtre, Jean. Tous les autres s'étaient enfuis. Judas, bouleversé par le remords, était allé se pendre. Jésus vit sa mère ayant à côté d'elle son disciple préféré. Il lui dit: "Femme, voici ton fils", et à Jean: "Voilà ta mère." Et, depuis ce moment, Jean prit Marie chez lui. Vers midi, le soleil s'obscurcit. Une nuée recouvrit la terre. Vers trois heures, Jésus cria d'une voix forte: "Père, père, pourquoi m'avez-vous abandonné?" Puis il réclama à boire. Un soldat lui tendit une éponge trempée dans du vinaigre. Enfin, il dit: "Tout est consommé." Et, inclinant la tête, il mourut. Ce vendredi avait été une journée d'épouvante pour les apôtres. Avec la mort de Jésus disparaissaient tous leurs espoirs. Mais les chrétiens continuent à célébrer le Vendredi Saint, car c'est le jour où Jésus est allé jusqu'au bout de son sacrifice. Il s'est donné pour nous par amour. Maintenant, il allait ressusciter.

Jésus est vivant

C'est Joseph d'Arimatie qui alla courageusement réclamer le corps de Jésus à Ponce Pilate. Il aimait depuis longtemps le Sauveur mais jusqu'alors, il ne s'était pas fait connaître comme son disciple. Il avait un tombeau qui avait été creusé pour lui et sa famille non loin du Golgotha et il y ensevelit Jésus. Il fallait que l'enterrement ait lieu rapidement car le Sabbat allait commencer au coucher du soleil. Or, il était interdit de faire quoi que ce soit à partir de ce moment. Le dimanche matin,

le Sabbat étant terminé, un groupe de femmes se rendit au tombeau pour embaumer le corps suivant la tradition. Mais, à leur grande stupeur, elles s'aperçurent que la pierre qui fermait l'entrée du tombeau de Jésus avait été roulée sur le côté, et qu'à l'intérieur, le corps de Jésus avait disparu. L'une des femmes, Marie de Magdala, courut prévenir les apôtres. Les autres virent deux hommes aux vêtements d'une blancheur éclatante qui leur dirent : "Ne craignez pas, vous cherchez Jésus de Nazareth, le crucifié. Pourquoi chercher un vivant parmi les morts ? Il est ressuscité." Pierre et un autre disciple arrivèrent en courant. Ils virent dans le tombeau les linges qui avaient servi à ensevelir Jésus, rejetés par terre. Désemparés, ils rentrèrent chez eux. Marie de Magdala pleurait à côté du tombeau. Un homme qu'elle ne reconnut pas tout d'abord lui dit :
"Femme, pourquoi pleures-tu ? Qui cherches-tu ? — Seigneur, si c'est vous qui l'avez enlevé, dit Marie de Magdala, dites-moi où vous l'avez mis, que j'aille le prendre. — Marie, dit-il alors d'une voix qu'elle connaissait. — Maître", répondit Marie de Magdala car elle l'avait reconnu. Et elle alla raconter aux apôtres ce qui lui était arrivé. Le même jour, deux disciples qui marchaient de Jérusalem vers le village d'Emmaüs, furent rejoints par un inconnu qui leur parla longuement de Jésus. Le soir tombait quand ils arrivèrent à Emmaüs et ils insistèrent pour qu'il dîne avec eux. L'étranger accepta. Il se mit à table, bénit le pain, le rompit et leur en donna. Alors, ils le reconnurent.
Le soir même, les apôtres étaient rassemblés dans la salle où avait eu lieu la Cène, le dernier repas de Jésus avec ses apôtres avant sa mort. Ils s'étaient enfermés, car ils avaient peur que les chefs religieux ne les persécutent comme disciples de Jésus. Soudain, Jésus leur apparut. Il leur dit : "La paix soit avec vous." D'abord, les apôtres furent troublés et effrayés, croyant voir un fantôme. Mais il leur montra ses mains et ses pieds blessés. Il mangea même avec eux pour leur montrer qu'il était vivant. Il leur dit encore : "La paix soit avec vous. Comme Dieu m'a envoyé, moi je vous envoie." Puis il souffla sur eux en disant : "Recevez le Saint Esprit : les péchés seront pardonnés à qui vous les pardonnerez et retenus à qui vous les retiendrez." Il leur donnait ainsi le pouvoir de juger et de pardonner au nom de Dieu, fondant le sacrement de Pénitence. Or, Thomas, l'un des

douze apôtres, n'était pas avec eux ce jour-là. Quand ils lui dirent : "Nous avons vu le Seigneur", il répondit qu'il n'y croirait pas tant qu'il ne l'aurait pas vu et touché lui-même. Huit jours plus tard, les apôtres étaient à nouveau rassemblés et Thomas était avec eux. Jésus se tint soudain au milieu d'eux, disant : "La paix soit avec vous." Puis, se tournant vers Thomas en lui tendant les mains, il dit : "Regarde et touche mes mains et crois." "Mon Seigneur et mon Dieu", cria Thomas en tombant à genoux. "Tu crois parce que tu as vu, lui dit Jésus. Bienheureux ceux qui croient sans avoir vu." Une autre fois, Jésus apparut à plusieurs de ses disciples qui étaient partis à la pêche, un soir sur le lac de Tibériade. De toute la nuit, ils n'avaient rien pris. Au matin, depuis la rive, un inconnu leur cria :

"Avez-vous du poisson ?

— Non, répondirent-ils.

— Jetez vos filets à droite du bateau et vous en trouverez", dit l'homme. Ils le jetèrent et leur filet fut aussitôt si plein de poissons qu'ils n'arrivaient pas à le relever. Jean dit alors à Pierre : "C'est le Seigneur !" Et Pierre se jeta à l'eau pour rejoindre le rivage à la nage. Les autres ramenèrent la barque au bord en traînant le filet chargé de poissons. Sur un feu allumé sur la plage, il firent griller du poisson et le mangèrent ensemble. Puis, Jésus dit à Pierre.

"Simon, m'aimes-tu ? — Oui, Seigneur, vous savez bien que je vous aime, répondit Pierre.

— Sois le pasteur de mes brebis". Il lui demanda une seconde fois : "Simon, m'aimes-tu ? — Oui, Seigneur, vous savez que je vous aime. — Sois le pasteur de mes brebis." Quand Jésus lui demanda une troisième fois s'il l'aimait, Pierre fut profondément attristé que Jésus doute de lui. Il était encore honteux de l'avoir renié. Depuis ce jour-là, il avait le

cœur brisé. Mais ce matin, Jésus voulait lui faire comprendre qu'il lui avait pardonné. Alors, Pierre reprit confiance en lui. Le temps était venu pour Jésus de quitter ses apôtres. Il les emmena sur une montagne près de Béthanie et leur adressa ses dernières recommandations: "Allez, enseignez toutes les nations, baptisez-les aux noms du Père, du Fils et du Saint Esprit." "Restez à Jérusalem, ajouta-t-il, jusqu'à ce que je vous ai envoyé les dons du Saint Esprit." Pendant qu'il les bénissait, il s'éleva devant eux, et un nuage le cacha bientôt à leurs yeux. Comme les apôtres le regardaient s'élever, deux hommes vêtus de blanc leur apparurent et leur dirent: "Hommes de Galilée, pourquoi restez-vous à regarder le ciel? Ce Jésus qui est monté de vos côtés jusqu'au ciel, en reviendra comme vous l'avez vu monter au ciel." Ils revinrent à Jérusalem et se rassemblèrent au Cénacle, la salle où avait eu lieu la Cène. C'est là que, dix jours plus tard, lors de la fête de la Pentecôte, ils reçurent les dons que Jésus leur avait annoncés. Soudain un grand bruit se fit entendre comme si un vent violent soufflait. En même temps, les apôtres virent des langues de feu se poser au-dessus de chacun d'eux. Ils se sentirent pleins de force et, remplis de l'Esprit Saint, ils se précipitèrent dehors pour annoncer la Bonne Nouvelle. La foule s'attroupa rapidement autour d'eux. Et, miraculeusement, les apôtres parlaient les différentes langues de tous ceux qui les écoutaient. "Ces gens qui parlent ne sont-ils pas tous des Galiléens? disait-on dans la foule. Comment les entendons-nous annoncer les merveilles de Dieu dans nos langues? "Ce jour-là, des centaines de gens se convertirent et furent baptisés. C'était les débuts de l'Église, la famille de tous ceux qui croient en Jésus-Christ, le fils vivant de Dieu.

LES MAISONS

Les habitations où vivaient Jésus et ses amis étaient le plus souvent des maisons très simples, de forme cubique, à un seul étage. Elles étaient construites en torchis, en briques, en pierre et en bois. Certaines étaient si fragiles qu'une pluie d'orage suffisait à les détruire. Les plus résistantes étaient en pierre. Si la famille s'agrandissait ou s'enrichissait, il était facile de rajouter une pièce. Il existe encore beaucoup de maisons de ce type dans les pays méditerranéens. A l'époque de Jésus, des bandits écumaient souvent les campagnes (comme ceux qui avaient attaqué le pauvre homme de la parabole du Bon Samaritain), aussi construisait-on rarement les maisons dans des endroits isolés.

Les petites maisons

La plupart des maisons n'avaient qu'un étage partagé horizontalement en deux niveaux. Le niveau supérieur servait de chambre et de cuisine. Le niveau inférieur était réservé aux animaux qui y passaient la nuit. Un escalier extérieur permettait de monter sur le toit plat qui était entouré d'un parapet. Quand il faisait chaud les gens y dormaient souvent, à l'abri d'une toile tendue. On y mettait les fruits à sécher où à mûrir. Le toit servait aussi de lieu de prière. Il était souvent construit en matériaux légers, des branches couvertes de torchis par exemple, qui reposaient sur de grosses poutres. Il était donc très facile d'y faire un trou. Ceci explique comment le paralytique fut descendu devant Jésus par ses amis à Capharnaüm.

La vie au temps de Jésus

L'ameublement

Les maisons étaient très peu meublées. Il n'y avait ni lit, ni drap, ni couverture. Le plus souvent les gens dormaient tout habillés sur des tapis ou des nattes déroulées dans la partie surélevée de la maison. Il était donc très facile de transporter son lit. Les gens riches avaient parfois des matelas rembourrés de paille ou de plumes. Toute la famille dormait côte à côte sur la plate-forme. Voilà pourquoi, dans la parabole que Jésus racontait à propos de l'homme qui vient frapper à la porte de son ami, celui-ci ne voulait pas se lever de peur de réveiller ses enfants. (Luc 11.5-13). Les ustensiles de cuisine étaient rangés dans des niches creusées dans le mur. La maison était éclairée par des lampes à huile et meublée avec quelquefois une table basse, un divan et un brasero.

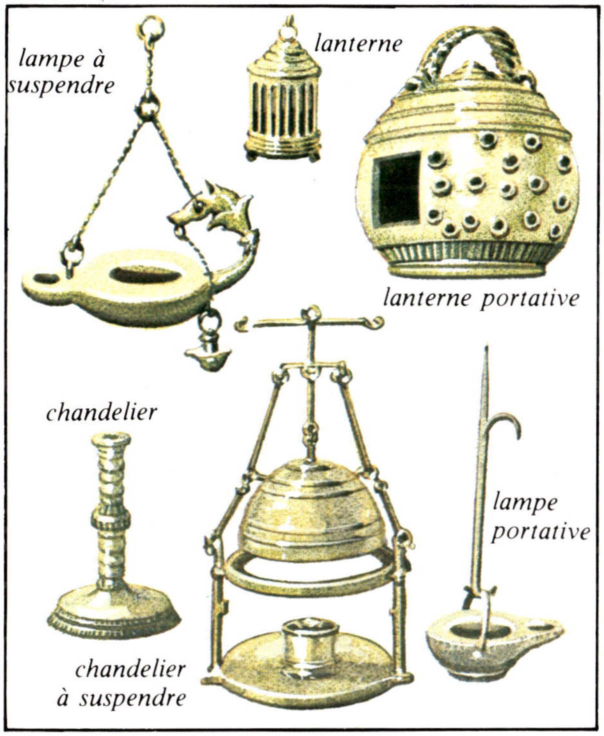

Le chauffage

Dans la plupart des maisons, on faisait brûler du bois ou du charbon dans un trou creusé dans le sol. Lorsque les braises s'éteignaient, on les recouvrait de planches et de tapis pour conserver la chaleur. Dans d'autres maisons, on se chauffait avec le brasero qui avait servi à faire la cuisine. Quand Jésus fut amené chez Caïphe, les serviteurs étaient en train de se chauffer autour d'un brasero.

Les auberges

Les auberges du temps de Jésus ne ressemblaient pas à nos hôtels. Elles étaient sales et elles avaient souvent mauvaise réputation à cause des affaires criminelles ou immorales qui s'y traitaient. Elles étaient généralement situées au bord des grandes routes. Les voyageurs riches payaient pour avoir une chambre à l'intérieur du bâtiment principal. Les autres dormaient sous un hangar, près des animaux. Habituellement, les voyageurs apportaient leur nourriture et même leur lit.

Les grandes maisons

Les plus grandes maisons étaient construites autour d'une cour centrale où poussaient parfois quelques arbres. Elles avaient très peu de fenêtres pour conserver la fraîcheur. Toutes les pièces s'ouvraient sur la cour ou sur d'autres pièces plutôt que sur les rues, car les villes n'étaient pas sûres à cette époque. Il n'y avait pas de police. Les familles riches avaient un portier pour surveiller l'entrée principale.

Certaines de ces maisons avaient deux étages. Les plus belles pièces, réservées aux visiteurs, se trouvaient au second. Les objets précieux étaient cachés dans des pièces secrètes.

LES ACTIVITÉS

Les villes et les villages que Jésus traversait retentissaient de l'activité des artisans : charpentiers, potiers, tisserands, maçons. Une grande partie de la population travaillait la terre, semant et moissonnant, cultivant des arbres fruitiers et la vigne. Ceux qui vivaient au bord de la mer de Galilée étaient pêcheurs. Dans les villes, on rencontrait des percepteurs, des banquiers, des musiciens, des aubergistes, des scribes et des rabbins.

L'agriculture

Dans le pays de Jésus, la terre était riche et fertile. Le blé, l'orge, les olives, les dattes, les figues, le raisin et les grenades étaient les principales cultures.

Les paysans utilisaient des outils très simples et des méthodes qui ont très peu évolué depuis lors. Après les pluies d'automne, ils semaient le grain ou l'orge. Ils portaient le même panier à graines que le semeur de l'histoire de Jésus. Aujourd'hui, les paysans labourent avant de semer. Au temps de Jésus, ils labouraient après avoir semé pour couvrir les graines de terre. Leurs charrues étaient en bois avec un soc en fer et étaient tirées par des bœufs. Une autre méthode consistait à laisser le bétail piétiner le sol pour enfoncer les graines dans la terre. Jusqu'à la moisson, les paysans étaient occupés à passer la herse.

La moisson

La moisson de printemps se faisait au mois d'avril ou au mois de mai. Toute la famille aidait à moissonner le blé avec des faucilles et à entasser les gerbes qui devaient être emportées sur l'aire de battage. Souvent, le paysan louait des travailleurs pour l'aider.

L'aire de battage était un cercle de terre battue, entouré d'un mur, en général situé au vent pour que la paille puisse s'envoler.

On faisait piétiner le blé par des bœufs, puis il était vanné c'est-à-dire retourné avec une fourche et lancé en l'air avec des rateaux. Le grain retombait sur le sol et les balles s'envolaient. Le grain était ensuite tamisé et mis dans des greniers (Matthieu 13.30) que le paysan faisait souvent garder contre les voleurs.

La vie au temps de Jésus

La culture des fruits

La culture de la vigne, très répandue, était l'objet de beaucoup de soins. La vigne poussait sur le sol ou sur des treilles et lorsque les grappes se formaient, elles étaient soutenue par des échalas.

Des huttes surélevées, construites avec les pierres trouvées sur place, abritaient le gardien qui surveillait la vigne en permanence. En effet, les renards et les chacals, attirés par les fruits, causaient souvent de sérieux ravages.

Les vendanges étaient l'occasion de grandes réjouissances. Les familles campaient dans la vigne tant que durait la cueillette du raisin. Les fruits étaient pressés pour faire le vin, mais, pour faire des raisins secs, une certaine quantité était laissée à sécher au soleil.

La culture des oliviers était très importante car elle fournissait l'huile. Un arbre pouvait en produire jusqu'à soixante-cinq litres. Différents propriétaires avaient des oliviers dans le même verger. C'est le prêtre qui décidait alors de la date de la cueillette. Les arbres étaient battus et secoués une seule fois, selon la loi. Après quoi, les pauvres pouvaient ramasser ce qui restait.

Les olives étaient pressées dans des presses en bois actionnées par un homme ou par un âne. Une partie de la récolte était conservée. Le jardin de Gethsémani était une oliveraie, le mot Gethsémani signifiant "presse à olive".

Les paysans avaient aussi des figuiers, des dattiers ou des grenadiers. Ils faisaient pousser des légumes comme les haricots ou les lentilles dans leurs potagers.

Les bergers

Le travail des bergers n'était pas le même qu'aujourd'hui. Ils conduisaient leurs moutons non pas avec des chiens mais à la voix ou au son de la flûte.

Les jeunes bergers, comme Benjamin, devaient apprendre à protéger leurs moutons. Chaque berger portait un gourdin et une fronde pour éloigner les loups, les chacals ou les renards qui étaient un danger permanent. Il y avait même des ours dans les collines. Les lions et les guépards dont parle l'Ancien Testament, avaient presque disparu à l'époque de Jésus mais ils étaient toujours redoutés par les bergers (Jean 10.11-13).

La race de mouton la plus répandue était le mouton à grosse queue. Il y gardait sa graisse comme le chameau dans sa bosse. Sa queue pouvait peser six kilogrammes. Des chèvres étaient mélangées au troupeau de moutons. Chaque soir, le berger faisait boire son troupeau, le comptait et le conduisait dans un enclos pour la nuit. Il dormait en travers de l'entrée pour le surveiller.

Les moutons étaient un bien précieux parce qu'ils donnaient de la viande, du lait, de la laine et du cuir. Les agneaux étaient offerts en sacrifice. Il était donc très important de n'en perdre aucun.

Les artisans

Les artisans ne travaillaient pas tous chez eux. Il semble que de petites usines aient existé. Dans les grandes villes, une rue était souvent spécialisée dans un métier dont elle prenait le nom. Les artisans faisait alors parfois des objets du même modèle dans une même rue.

Les intendants

Les esclaves faisaient partie de la famille. Ils avaient souvent une situation de confiance comme celle d'intendant. En l'absence de leur maître, ils veillaient sur sa terre et sur ses biens. Les bons intendants pouvaient avoir la liberté en récompense des services qu'ils avaient rendus.

Les charpentiers

On attendait beaucoup d'un charpentier. Un charpentier comme Joseph devait être capable de fabriquer des meubles, des portes, des roues de charrettes et des outils. Il devait pouvoir aussi construire un bateau. Il devait enfin être un artiste pour que son travail soit beau. Certains bois étaient employés pour la construction des maisons, aussi le charpentier travaillait-il souvent en équipe avec le maçon.

Les pêcheurs

La plupart des gens qui vivaient au bord du lac de Galilée travaillait à la pêche. L'essentiel de la pêche se faisait en Palestine puisqu'il n'y a pas de poisson dans la mer Morte et que peu de gens pêchaient en Méditerranée à cette époque.

Les pêcheurs se groupaient à six environ pour pouvoir s'acheter un bateau et des filets. Ils partageaient ensuite le bénéfice de la pêche.

Il y avait plusieurs méthodes de pêche. On pêchait avec des filets ronds aux bords lestés, qu'on jetait au-dessus des bancs de poissons et qu'on halait dans le bateau lorsqu'ils étaient pleins. D'autres filets étaient lestés d'un côté et munis de flotteurs de l'autre. Le bateau s'éloignait en entraînant une extrémité du filet tandis que quelqu'un tenait l'autre bout sur la rive. Le filet était alors abaissé dans l'eau et le bateau revenait en faisant un demi-cercle pour emprisonner le poisson dans le filet. Le filet était ensuite relevé.

Une fois à terre, le poisson était soigneusement trié.

Le poisson frais était envoyé sur les marchés. Les poissons qui n'étaient pas mangés frais étaient salés ou séchés.

Les maçons

Le maçon utilisait peu de mortier pour ses constructions. Il devait savoir empiler les pierres avec précision. Il extrayait la pierre de la carrière et la taillait. Les tombes et les caves étaient souvent creusées dans le calcaire au grain tendre.

La vie au temps de Jésus

Les teinturiers

La teinture était très courante en Palestine. On utilisait des teintures végétales et la cochenille pour teindre en rouge les vêtements destinés aux synagogues. La teinture pourpre, très chère, était extraite d'un coquillage. Elle était réservée aux robes des dirigeants et des hommes riches.

Les tanneurs et les foulons

Leur travail était méprisé parce qu'ils devaient manipuler les dépouilles d'animaux dont certains, comme le chameau, étaient considérés comme "impurs". Ils travaillaient donc à l'extérieur des villes, près des ruisseaux. Le foulon dégraissait et blanchissait la laine des moutons ce qui était une tâche peu agréable. Le tanneur apprêtait les peaux pour le travail du cuir.

Les esclaves

Les hommes libres comme les bergers, les fermiers, les artisans et les commerçants travaillaient pour leur propre compte, louant éventuellement des ouvriers pour les aider. Les esclaves appartenaient à la famille. Ils travaillaient sur les terres ou dans la maison du maître. Leur condition était préférable à celle des ouvriers sans emploi qui étaient obligés d'accepter n'importe quel travail pour survivre. C'est ce qui arriva à l'enfant prodigue (Luc 15.18-19). Les esclaves étaient protégés par la loi sainte des Juifs. Ils pouvaient être récompensés pour leurs services et même recevoir la liberté. Appartenir à une famille était bien préférable que de devoir mendier dans les rues quand on était pauvre.

Les percepteurs

Les percepteurs et les prêteurs d'argent, souvent corrompus, étaient très impopulaires. En plus de leur propre impôt pour le Temple, les Juifs devaient payer des impôts aux Romains ce qui leur paraissait profondément injuste. Les riches marchands soudoyaient souvent les percepteurs pour être dispensés d'impôts. Un Juif devait acheter aux Romains le droit de percevoir les impôts. Il était alors méprisé par ses congénères qui le considéraient comme un traître et un profiteur.

Les chômeurs

Tout le monde n'avait pas la chance d'avoir du travail. Les chômeurs s'assemblaient le matin sur la place du marché et discutaient leurs salaires avec ceux qui cherchaient des ouvriers. A l'époque des moissons, des hommes allaient de ferme en ferme et louaient leurs services. Un travail et un salaire réguliers étaient une nécessité car l'état ne donnait aucun secours aux familles comme il le fait aujourd'hui. On comprend ainsi comment beaucoup de gens préféraient devenir esclaves par souci de sécurité.

LA DOMINATION ROMAINE

Quand les Romains occupaient un pays, ils lui imposaient leurs lois et leur justice mais ils le faisaient également bénéficier des avantages de leur civilisation : l'ordre et la paix, de beaux monuments, de bonnes routes, et un commerce florissant. La Palestine entra dans l'empire romain en 63 av. J.-C. Hérode le Grand fut d'abord nommé roi des Juifs par les Romains. Il gouverna en tyran. Son fils lui succéda mais, faible et lunatique, il fut destitué par les Romains. Un gouverneur romain qu'on appelait un procurateur fut nommé à sa place. Ponce Pilate fut procurateur de 26 à 36 apr. J.-C. Les Juifs le haïssaient, lui et ses hommes, car ils étaient païens et parce qu'ils régnaient sur le peuple de Dieu.

Les impôts romains

Dans les pays conquis, les Romains imposaient les personnes, les biens, la nourriture, les successions et les transactions. Tous les cinq ans, ils vendaient aux plus offrants le droit de percevoir ces impôts. Les percepteurs, voulant rentrer dans leurs fonds et faire aussi un bénéfice, faisaient payer aux gens plus que ce qu'ils devaient. Les Juifs qui avaient à payer leurs propres impôts au Temple, détestaient ceux d'entre eux qui percevaient les impôts romains. Ils les considéraient comme des traîtres. C'était le cas de Matthieu à Capharnaüm.

L'armée romaine

Les Romains levaient des troupes auxiliaires dans les pays conquis pour aider leurs fameuses légions. Les légions étaient réservées au service actif. Les auxiliaires faisaient le service de garnison et maintenaient l'ordre. Elles gardaient aussi les prisonniers comme Jésus (Marc 15.16-24).

Les Juifs étaient exemptés de ce service militaire. Leur religion ne leur permettait pas de porter les armes le jour du Sabbat et les Romains ne voulaient pas de soldats qui ne servent que six jours par semaine.

Les peuples soumis devaient vénérer l'empereur romain comme un dieu. Les Romains avaient dû dispenser aussi les Juifs de cette obligation. Ils avaient vite compris que les Juifs préféraient mourir plutôt que d'adorer un autre dieu que le leur et qu'ils étaient profondément choqués par les fêtes romaines religieuses et militaires.

Les recensements

Les Romains recensaient la populations tous les quatorze ans. Ils comptaient les habitants pour mieux pouvoir leur faire payer les impôts. Tout le monde le savait et il y avait souvent des révoltes à cette occasion. Selon la loi, quiconque était parti de chez lui devait y retourner pour être recensé. Voilà pourquoi Joseph retourna avec Marie à Bethléem dans sa famille (Luc 2.1-5).

La citoyenneté romaine

Être né citoyen libre de l'empire romain, comme l'était Paul, était un grand privilège. Les auxiliaires de l'armée romaine avaient ce privilège qui pouvait également être acheté très cher (Actes 22.27-28).

Tout le monde avait droit à une justice équitable devant un tribunal mais un citoyen romain pouvait demander à être jugé devant l'empereur à Rome. Paul fit valoir ce droit lorsqu'il comprit qu'il ne pourrait pas se faire rendre justice à Jérusalem.

LES MOYENS DE TRANSPORT

Les Juifs de cette époque n'avaient guère l'amour des voyages. Sur terre, ils n'allaient jamais bien loin, sauf en pélerinage, et la mer les terrorisait. Pour la plupart, ils restaient dans leur ville ou leur village si bien que les routes n'étaient que de mauvaises pistes. Pour aller de Nazareth dans le nord à Jérusalem au sud, les pélerins parcouraient 140 kilomètres à pied en trois jours. Les bagages étaient transportés à dos d'âne. A cette époque, tout voyage était une aventure dangereuse. Dans certaines régions les animaux sauvages pouvaient attaquer et les voleurs guettaient les isolés pour les dévaliser.

Les Romains

Les routes romaines étaient célèbres. Elles assuraient l'unité de l'empire. Les courriers qui transportaient les dépêches arrivaient à parcourir jusqu'à soixante-quatorze kilomètres par jour sur leurs chevaux rapides, et les légions pouvaient être envoyées rapidement dans n'importe quelle région dès que des troubles éclataient. Les routes romaines étaient si bien faites, que beaucoup d'entre elles sont encore utilisées aujourd'hui. Elles comportent trois couches de matériaux: d'abord des pierres mélangées à du ciment, puis des cailloux, du gravier, des galets ou des débris de poteries, et enfin de gros pavés étroitement ajustés. Par ces routes, chaque province était reliée à Rome. C'est d'elles que dépendait le maintien de la fameuse "pax romana" d'un bout à l'autre de l'empire.

Les Juifs

Les principales routes romaines en Palestine suivaient la côte et la rive est du Jourdain. Une route transversale coupait la plaine d'Esdralon. Toutes les autres routes étaient en mauvais état. Seuls les Romains avaient des chevaux, réservés surtout aux courriers et à la troupe. Les autres gens n'avaient que des ânes ou des mules de selle. Ils transportaient leurs chargements sur des charrettes, sauf dans les régions montagneuses où seuls les ânes et les mûles, même lourdement chargés, avaient le pied assez sûr pour pouvoir passer.

Les voyages à longue distance dans l'empire Romain se faisaient surtout par mer. Les bateaux pouvaient transporter plus de six cent personnes. Il y avait une liaison régulière entre l'Afrique du Nord et Rome pour y apporter le blé. En hiver, la Méditerranée était dangereuse et on ne faisait que les traversées indispensables. La rapidité des voyages dépendait des vents favorables puisque seuls les bateaux de guerre, qui étaient légers, avaient des rames.

LA RELIGION

Les Juifs croyaient en un Dieu unique qui les avait appelés à être son peuple élu. Il avait parlé d'abord à Abraham, fondateur du peuple juif, puis à Moïse à qui il fit connaître ses commandements. La loi sacrée était écrite dans la Bible et elle réglait toute la vie des Juifs. La religion juive actuelle continue à la prescrire telle que Jésus l'a connue. Les Grecs et les Romains que Jésus pouvait rencontrer dans son pays croyaient en des dieux multiples. Leur mode de vie était radicalement différent de celui des Juifs.

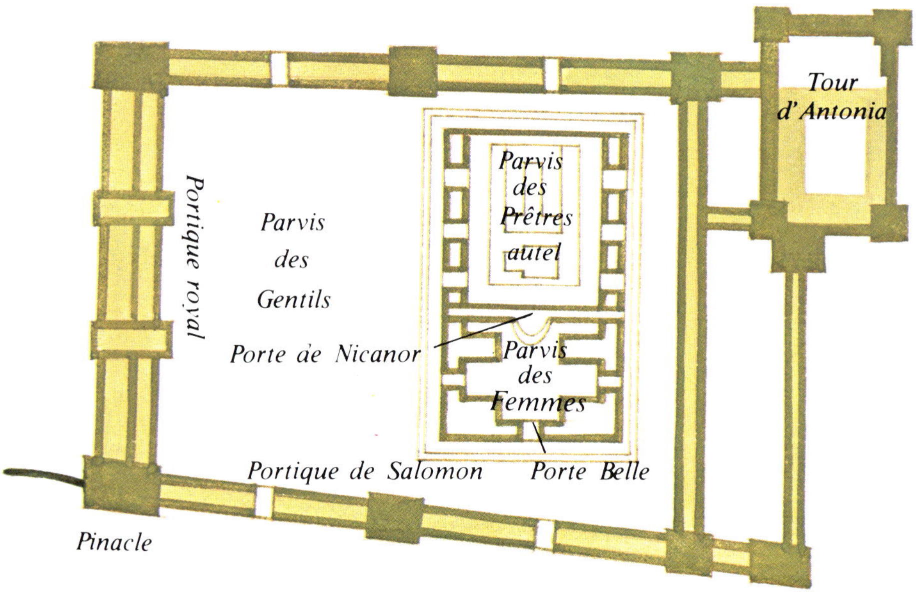

Le Temple

Jérusalem était la ville sainte des Juifs, parce qu'elle abritait le Temple de Dieu. Hérode le Grand, qui avait été porté au pouvoir par les Romains, entreprit de reconstruire le Temple, espérant ainsi gagner en popularité auprès des Juifs qui le considéraient comme un étranger. Un millier de prêtres participèrent à la reconstruction de façon à ce que le Temple soit un édifice sacré. Le Temple construit par Hérode était en marbre d'une blancheur éblouissante, orné d'or, avec des flèches dorées sur le toit pour empêcher les oiseaux d'y faire leur nid. Il fallut dix ans pour réaliser le bâtiment principal. Il a été détruit en 70 apr. J.-C. avant même d'être terminé.

La vie au temps de Jésus

L'impôt du Temple

Dès l'âge de vingt ans, chaque Juif devait payer un impôt pour l'entretien du Temple. Les Juifs utilisaient des monnaies étrangères dans la vie de tous les jours parce l'un des saints commandements leur interdisait de faire des "images gravées". L'impôt était payé chaque année, pendant la fête de Pâque. Les pièces étrangères étaient alors échangées dans la cour du Temple contre des pièces d'argent appelées demi-sicle qui servaient à payer l'impôt. Au temps de Jésus, il pouvait aussi être payé en pièces d'argent grecques appelées drachmes. L'impôt était de deux drachmes et était payé avec le didrachme (deux drachmes), (à gauche), ou avec le tétradrachme (quatre drachmes), (à droite).

La Pâque

La Pâque a toujours été chez les Juifs la plus grande fête de l'année. A l'origine, c'était la fête du printemps, au cours de laquelle les bergers rendaient grâce pour les agneaux nouveaux-nés. Depuis Moïse, la Pâque rappelle comment Dieu a délivré son peuple élu de l'esclavage en Égypte. Tout Juif mâle vivant à moins de vingt-cinq kilomètres de Jérusalem avait le devoir de s'y rendre ce jour-là, comme le faisait Jésus (Luc 2.41-42, 22.1-8). Mais les Juifs venaient du monde entier. Ils voyageaient en groupe ou en caravane pour ne pas être attaqués par les voleurs. Chaque famille ou chaque groupe d'amis offrait au temple un jeune agneau en sacrifice puis le faisait rôtir pour le repas saint. A ce repas, la coutume était aussi de prendre du pain sans levain, symbole de la fuite précipitée hors d'Égypte, des herbes amères et du persil, symboles de la vie amère des esclaves en Égypte, et quatre coupes de vin qui étaient bues en récitant des psaumes et des prières. Rituellement, au cours du repas, le fils aîné demandait quelle était la signification de la fête et, alors, l'histoire de l'étonnante délivrance était à nouveau racontée de façon à ce que personne, jamais, ne l'oublie.

Les fêtes religieuses

La seconde grande fête de l'année était appelée la Pentecôte ce qui signifie "cinquantième", parce qu'elle avait lieu cinquante jours après la Pâque. C'était la fête de la moisson, fête du blé nouvellement récolté. Des miches de pain étaient alors offertes au Temple. Puis, c'était devenu la célébration des saints commandements que Dieu avait donné à Moïse et qui réglaient toute la vie des Juifs.

La troisième grande fête de l'année, en automne, fête des récoltes des fruits à l'origine, était devenue l'occasion pour les Juifs de se souvenir des années passées jadis dans le désert par leurs ancêtres vivant sous des tentes, ou tabernacles. En souvenir, les Juifs, à cette époque de l'année, vivaient également sous des tentes tant que durait la fête des Tabernacles.

La fête des Lumières commémorait la reconquête du Temple sur l'occupant grec qui avait essayé d'anéantir la religion juive. Ils se réjouissaient que le Temple ait été restitué au culte de Dieu et ses lampes, rallumées. Pendant cette fête, les Juifs allumaient des lampes, des torches et des bougies chez eux, dans les synagogues et au Temple. C'est peut-être au cours de cette fête, que Jésus a dit: "Je suis la lumière du monde" (Jean 8.12, 10.22-3).

L'année comportait outre des périodes de fête, des périodes de jeûne au cours desquelles les Juifs en se privant de manger et de boire montraient leur contrition d'avoir offensé Dieu par leurs péchés. Le jeûne le plus solemnel de l'année commençait avec la fête du Nouvel An appelée Rosh Hashanah. Une sonnerie dans une corne de bélier en annonçait le début. Suivaient dix jours de pénitence qui prenait fin le jour du Yom Kippur, ou jour des Propitiations, où un sacrifice au Temple lavait les Juifs de leurs péchés.

Le chandelier à sept branches

Sept était un nombre sacré pour les Juifs. Il y avait toujours eu des chandeliers à sept branches dans le Temple. Le lieu le plus sacré du Temple était le Saint des Saints où il faisait nuit noire et où il n'y avait qu'un chandelier à sept branches, symbole de la présence de Dieu. Aujourd'hui encore il est le symbole de Dieu dans les synagogues juives partout dans le monde.

La synagogue

Les Juifs ne pouvaient offrir de sacrifices que dans le Temple de Jérusalem. Lorsqu'ils furent emmenés captifs dans d'autres pays les Juifs organisèrent une nouvelle forme de culte. A l'époque de Jésus, la plupart des Juifs vivaient à l'étranger. Dix Juifs suffisaient pour créer une synagogue, aussi y en avait-il des milliers dans l'empire romain. Synagogue signifie "lieu de réunion". La synagogue était le centre de la vie des juifs. Elle était un lieu de culte le jour du Sabbat, un lieu de réunions publiques et une école où les garçons juifs étudiaient les textes saints. Voilà pourquoi elle portait deux noms. Maison de la Prière et Maison de l'Étude.

Il n'y avait pas d'autel puisqu'on n'offrait pas de sacrifice. L'endroit le plus sacré était "l'arche" où étaient conservés les rouleaux des Écritures Saintes. Une lampe brûlait en permanence au-dessus de l'arche. Le service religieux comprenait la lecture des écritures saintes, une allocution, des hymnes et des prières. N'importe quel Juif pouvait faire la lecture et parler, comme Jésus le fit dans la synagogue de Nazareth (Luc 4.16-22) le jour où, après avoir lu un texte du prophète Isaïe, il proclama ouvertement qu'il était le fils de Dieu. Les fidèles rassemblés dans la synagogue crurent qu'il blasphémait et le chassèrent.

La vie au temps de Jésus

Les phylactères

Les hommes juifs de plus de douze ans portaient des phylactères ou "protections" pour dire leurs prières du matin. C'était de petits étuis de cuir qui contenaient quatre versets de la Bible, écrits sur des morceaux de parchemin attachés avec des cheveux et "protégés" par l'étui. On portait un étui sur le front, l'autre sur le bras gauche pour que le texte saint soit du côté du cœur. Les lanières de cuir qui le maintenaient, étaient enroulées sept fois autour de l'avant-bras, et attachées par un nœud qui formait la première lettre du nom juif de Dieu. Les deux phylactères symbolisaient la consécration de la tête, du cœur et de la main au service de Dieu.

Le mazuzah

Une petite boîte de métal ou de bois, appelée mazuzah, était fixée sur le montant droit de la porte de chaque maison juive. Il y avait à l'intérieur un morceau de cuir sur lequel était écrit le texte qui disait la croyance des Juifs en un seul Dieu (Deutéronome 6.4-5). On l'appelait le shema parce qu'il commençait par ce mot qui signifie "écoute". Quiconque entrait ou sortait de la maison, touchait le mazuzah, embrassait sa main et disait la prière "que Dieu garde mon départ et mon arrivée" (Psaumes 121, 8).

Le Sabbat

Le mot juif "Sabbat" signifie "cesser". Le Sabbat a d'abord été le jour de repos hebdomadaire où les hommes et les animaux "cessaient" de travailler. Il devint ensuite un jour consacré à Dieu car le septième jour de la création Dieu s'était reposé. Le Sabbat commençait le vendredi au coucher du soleil et finissait le samedi au coucher du soleil. Aucun voyage, aucun travail ne pouvait être entrepris le jour du Sabbat. Il était même interdit d'allumer des feux ou de faire la cuisine. Les Juifs mettaient leurs plus beaux vêtements, allaient à la synagogue adorer Dieu, puis rentraient chez eux. Jésus allait toujours à la synagogue le jour du Sabbat (Luc 4.16) mais il s'éleva contre les lois qui faisaient du Sabbat une obligation pesante, et empêchaient même de faire le bien (Marc 3.1-5). Les médecins eux-mêmes ne pouvaient travailler, sauf pour aider à une naissance.

LES VÊTEMENTS

Pour savoir à qui on avait à faire, il suffisait de regarder comment les gens étaient habillés. Les riches portaient des vêtements confectionnés dans des étoffes de bonne qualité, les soldats romains étaient reconnaissables à leur uniforme, les fonctionnaires romains étaient souvent en toge. Les Juifs qui travaillaient aux champs ou qui allaient à la pêche vivaient en tuniques qu'ils remontaient dans leur ceinture pour être à l'aise dans leurs mouvements.

Les vêtements d'homme

Les hommes juifs portaient trois sortes de vêtements. D'abord, une longue chemise de toile puis, par-dessus, une ample tunique à manches longues en lainage de couleur vive et enfin une grosse houppelande très épaisse qui leur servait à la fois de manteau et de couverture.

Comme il n'y avait ni boutons ni épingles, la tunique était resserrée à la taille par une ceinture de tissu dont les plis servaient de poches. Les hommes rentraient souvent le bas de leur tunique dans leur ceinture pour avoir les jambes libres. On disait qu'ils se "ceignaient les reins".

Les houppelandes étaient tissées en poils de chèvre ou de chameau ou en laine. Les Juifs pieux portaient quatre glands bleus aux coins de leurs manteaux. C'était le signe distinctif des Juifs. Nous savons que Jésus les portait car l'Évangile rapporte qu'une femme les toucha espérant par ce simple contact être guérie de sa maladie (Marc 5.25-34), qui durait depuis douze années.

Les vêtements de femme

La Bible emploie les mêmes mots pour désigner les vêtements d'homme et de femme. Ceux des femmes étaient réalisés dans de plus belles étoffes, de couleurs vives et brodés. Ils étaient certainement faciles à distinguer de ceux des hommes, car la loi sacrée interdisait strictement aux hommes et aux femmes de porter les mêmes vêtements.

Les femmes portaient aussi des rubans, des châles et des bagues aux mains et aux pieds.

La vie au temps de Jésus

Sur la tête

Pour se protéger de l'ardeur du soleil, on portait autour de la tête une écharpe enroulée ou un morceau de tissu carré plié en triangle et maintenu par une cordelière de poils de chèvre ou de laine. Hors de chez elles, les femmes mariées avaient toujours la tête couverte de longs voiles qu'elles retenaient en certaines occasions avec une chaîne de pièces de monnaie faite avec de l'argent qu'elles avaient reçu en dot à leur mariage (Luc 15.8-9).

Les chaussures

Dans leurs chaussures et leurs sandales, les Juifs ne portaient ni chaussettes ni bas. Les souliers étaient en cuir, avec des semelles de jonc ou d'écorces de palmiers. Les souliers étaient souples, les sandales rigides et même ferrées pour pouvoir affronter de longues marches. La sandale était une simple semelle attachée au pied par une courroie enroulée autour de la cheville (Marc 1.7). Chez eux les gens pauvres marchaient pieds nus, de même que les serviteurs dans les maisons des riches. Chaque fois qu'ils le pouvaient, les voyageurs marchaient pieds nus sur les routes, gardant leurs sandales pour la ville.

La confection des vêtements

Le lin qui poussait en Galilée servait à tisser la toile, et la laine venait des moutons de Judée. Les femmes tissaient la laine chez elles sur leur métier après l'avoir peignée et filée pour réaliser les vêtements de la famille. Les riches payaient tisserands, teinturiers et foulons pour qu'ils fassent ce travail à leur place. Chez les gens pauvres, les vêtements passaient des enfants plus grands aux plus petits, et les femmes faisaient beaucoup de raccommodage.

Les vêtements de fête

Les plus beaux vêtements étaient soigneusement gardés dans des coffres à l'abri des mites (Matthieu 6.19-21). On ne les portait qu'en des occasions très spéciales, les mariages par exemple. Se rendre à un mariage en vêtements de tous les jours aurait été considéré comme une insulte (Matthieu 22.11-14). Si quelqu'un n'avait pas de vêtements de fête, il en empruntait à un ami ou à un voisin. Cela se faisait très couramment. Mêmes les paysans les plus pauvres venaient aux fêtes dans des vêtements fraîchement nettoyés.

Les vêtements des notables

Seuls les hommes riches ou influents étaient "vêtus de pourpre", c'est-à-dire revêtus de tuniques teintes de cette couleur rare, la "pourpre royale", obtenue à partir de coquillages que l'on trouvait en Phénicie. Les rabbins considéraient le port de la pourpre comme un usage païen et une extravagance de mauvais goût, mais les Juifs riches aimaient se vêtir de batiste et de robes pourpres (Luc 16.19).

Les riches marchands et les fonctionnaires avaient les moyens de s'acheter de la soie importée d'Orient. Certains portaient des turbans à franges.

Les tenues des Romains

Les soldats romains portaient une chemise de laine à manches courtes, un manteau de laine court attaché sur une épaule par une agrafe, et une ceinture. Les officiers portaient un long manteau rouge.

Seuls les citoyens romains avaient le droit de porter la toge. C'était un grand demi-cercle de tissu qui s'enroulait autour du corps, le côté rectiligne venant se placer devant. Ponce Pilate portait sans doute la toge bordée de pourpre, ce qui était une marque distinctive honorifique.

LA POPULATION (1)

Les Évangiles citent les noms de populations d'origines très diverses. Même parmi les Juifs, on distinguait différents groupes, comme celui des prêtres ou des hommes de loi. Jésus dans ses paraboles parlait souvent de ces diverses catégories, critiquant les Pharisiens ou mettant en scène un bon Samaritain. En l'entendant, les gens restaient perplexes, car en parlant ainsi, il bousculait les idées reçues.

Les Sadducéens

Les Sadducéens formaient le groupe le plus riche et le plus influent. Leurs familles contrôlaient le Temple de Jérusalem. Ils vivaient sur des dîmes et sur l'impôt annuel que tous les Juifs devaient payer. Ils tiraient aussi profit du commerce qu'ils autorisaient dans les cours du Temple. Ils observaient strictement l'ancienne loi transmise par Moïse, et s'opposaient à tout changement dans la religion. C'est dans ces familles de prêtres que l'on choisissait le plus haut dignitaire : le Grand-Prêtre, que les Romains considéraient comme le chef du peuple juif. Il présidait le Conseil des Juifs, appelé le Sanhédrin, qui était la plus haute cour de justice des Juifs. Les Sadducéens, riches et puissants, se comportaient d'une manière arrogante avec le peuple. Ils entretenaient de bons rapports avec les Romains pour s'assurer leur bienveillance et conserver ainsi leurs privilèges.

Les lévites

Les lévites assistaient les prêtres dans le service du culte à Jérusalem. Eux aussi étaient consacrés à Dieu en tant que descendants de la tribu de Lévi. Dans la Bible le livre du Lévitique énumère les prescriptions religieuses que les lévites devaient observer.

Seuls les prêtres avaient le droit de s'approcher de l'autel et de toucher les vases sacrés. Les lévites jouaient le rôle de portiers et de serviteurs. Ils étaient sans doute aussi responsables de la musique que l'on jouait au Temple.

La vie au temps de Jésus

Les Pharisiens

Les Pharisiens étaient des laïques. Leur nom signifie "séparé", car ils se tenaient totalement à l'écart des païens. Comme les Sadducéens ils vivaient dans l'observance stricte des Écritures Saintes léguées par Moïse au peuple juif, mais ils respectaient aussi toutes sortes de croyances et de superstitions qui s'étaient développées par la suite. Ils suivaient scrupuleusement leur religion jusque dans le moindre détail, offrant à Dieu par exemple une dîme soit un dixième de tout ce qu'ils avaient (Luc 18.10-12). Leur piété les rendait respectables au yeux du peuple, et leur rigueur contribuait au maintien de la religion juive. On trouvait parmi eux beaucoup d'hommes sincèrement pieux mais Jésus perça à jour le manque de sincérité de certains (Matthieu 23.25-26).

Les ésséniens

Les ésséniens étaient les moines de la religion juive. Ils vivaient tous ensemble dans la région désertique qui s'étendait près de la mer Morte, faisant pousser des légumes pour se nourrir. Ils ne possédaient rien et partageaient ce qu'ils gagnaient. Ils ne se mariaient pas et se perpétuaient en adoptant des garçons. Leur vêtement de lin blanc était le symbole de la pureté de vie qu'ils recherchaient dans le culte de Dieu et l'étude des Écritures Saintes. L'origine de ces moines était diverse, certains étaient des Sadducéens. Saint Jean-Baptiste a peut-être fait partie d'un groupe de ces moines quand il vivait au désert.

Les Samaritains

Ils habitaient la Samarie, région située entre la Judée au sud et la Galilée au nord et que les Juifs évitaient de traverser. Les voyageurs préféraient traverser le Jourdain pour ne pas rencontrer les Samaritains. Ils descendaient de Juifs qui s'étaient alliés à des étrangers et leurs discordes avec les Juifs de race pure duraient depuis des siècles. Ils avaient leur propre temple, sur le mont Gerizim et ne reconnaissaient qu'une partie de la Bible. A l'époque ou vivait Jésus, les Juifs détestaient les Samaritains et ne voulaient entretenir avec eux aucune espèce de relation, mais Jésus leur fut secourable et choisit un Samaritain comme héros d'une de ses paraboles (Luc 10.30-37).

Les gentils

Le nom de "gentil" vient du mot romain qui signifie "race". Les Juifs appelaient "gentils" tous ceux qui n'étaient pas des leurs. Pour eux, Grecs et Romains étaient des gentils.

Pour assurer la pureté du peuple de Dieu, des lois sévères commandaient aux Juifs de vivre à l'écart des non-Juifs. Certains Juifs pensaient que Dieu ne se souciait pas de ces païens, mais d'autres croyaient au contraire que Dieu appelait les Juifs à être "une lumière pour éclairer les nations" (Luc 2.25-32), en leur faisant connaître la parole de Dieu. Jésus se montra compatissant envers les gentils qui vinrent à lui. Certains Grecs et Romains admiraient la religion juive et suivaient les services religieux dans les synagogues bien qu'ils ne puissent ni suivre les lois juives ni devenir juif. Les Juifs de Palestine détestaient les occupants romains qui étaient des adorateurs de dieux païens et méprisables au multiples visages.

LA POPULATION (2)

Jésus a vécu sur Terre il y a environ 2000 ans. Les historiens ont l'habitude de prendre sa date de naissance comme repère. Les années qui la précèdent sont comptées à rebours et suivies des lettres av. J.-C. ce qui signifie avant Jésus-Christ. Pour les années qui ont suivie la naissance de Jésus, on peut préciser apr. J.-C. C'est un moine du sixième siècle qui a mis au point cette façon de compter, mais il a commis à l'époque une erreur de cinq ans. Jésus n'est pas né exactement entre 1 av. J.-C. et 1 apr. J.-C. mais cinq ans plus tôt. Les dates de sa vie terrestre doivent être vraisemblablement 5 av. J.-C. — 29 apr. J.-C.

Hérode le Grand

Le roi Hérode régnait sur les Juifs quand Jésus naquit. Originaire du pays d'Edom dont les habitants étaient haïs par les Juifs, il fut toujours considéré par ses sujets comme un étranger. Bon administrateur, il fut porté au pouvoir par les Romains. Il prit pour épouse une princesse juive et reconstruisit le Temple de Jérusalem, mais les Juifs ne l'en aimèrent pas plus pour autant. Il régna en tyran et, vivant dans la crainte, il en vint à soupçonner tout le monde des pires méfaits. Il alla jusqu'à faire mettre à mort son épouse et trois de ses fils qu'il accusait d'avoir comploté contre lui. Le massacre des Saint Innocents rapporté par saint Matthieu (2.1-16), selon lequel il aurait fait massacrer tous les enfants mâles en bas âge de Bethléem en apprenant qu'un nouveau roi y était né, correspond bien à son personnage.

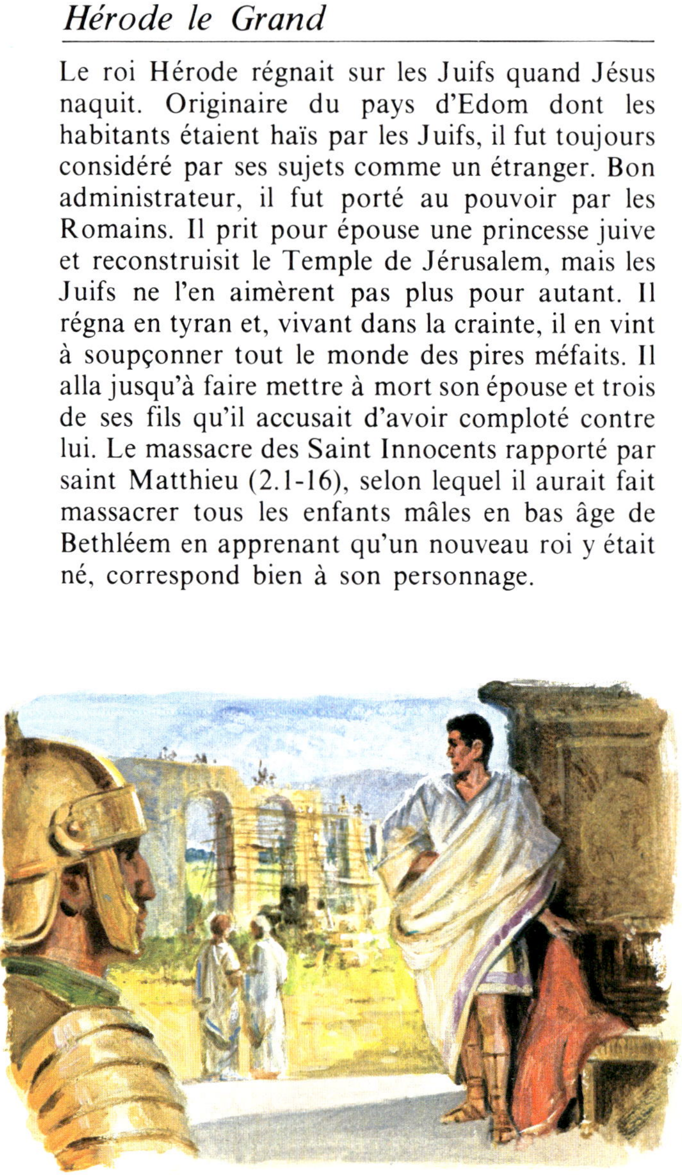

Anne et Caïphe

Caïphe est le Grand-Prêtre qui fit arrêter Jésus. Choisi parmi les familles qui avaient le contrôle du Temple de Jérusalem, le Grand-Prêtre était le plus haut personnage de la religion juive. Caïphe envoya d'abord Jésus comparaître devant Anne, son beau-père, qui avait été Grand-Prêtre avant lui et jouissait d'une grande autorité morale (Jean 18.12-14). Caïphe fut Grand-Prêtre de 18 à 36 apr. J.-C. Plus tard, il fit arrêter Pierre et Jean pour avoir prêché au nom de Jésus.

Ponce Pilate

L'empereur romain nommait un procurateur (ou gouverneur) à la tête des provinces de son empire où il craignait que des troubles surgissent. Ponce Pilate fut gouverneur en Palestine de 26 à 36 apr. J.-C. Il était responsable du maintien de l'ordre et devait faire appliquer la législation romaine. Le Grand-Prêtre dépendait de lui et il contrôlait aussi l'usage qui était fait des fonds perçus par le Temple. Il devait ratifier les sentences de mort prononcées par le conseil des Juifs, le Sanhédrin. Pilate était maladroit et obstiné. Il s'attira l'hostilité des Juifs par plusieurs décisions, en faisant par exemple placer des bannières romaines à l'intérieur du Temple de Jérusalem et en utilisant les fonds du Temple pour construire un aqueduc qui devait amener l'eau de Bethléem à Jérusalem. Il aurait pu sauver Jésus mais il céda aux prêtres, le condamnant à mort alors qu'il le savait innocent des actes de rébellion qu'on lui reprochait (Marc 15.1-15).
Il fut rappelé à Rome en 36 apr. J.-C.

La vie au temps de Jésus

Hérode Antipas

Quand Hérode le Grand mourut, son royaume fut divisé entre ses quatre fils. L'un d'eux,Hérode Antipas, régnait sur la Galilée au moment où Jésus y prêchait. Hérode était superstitieux et rusé. Il était présent à Jérusalem quand Jésus fut jugé par Pilate. Apprenant que Jésus était Galiléen, Pilate l'envoya à Hérode et celui-ci se réjouit de voir le prophète dont il avait souvent entendu parler. Il espérait qu'il se livrerait devant lui à des actes spectaculaires. Mais Jésus resta muet devant Hérode et il fut renvoyé devant Pilate qui dut prendre seul la décision de le condamner.

Jean-Baptiste

Jean-Baptiste était né en 7 av. J.-C. Ses parents le consacrèrent à Dieu à sa naissance. Son père était prêtre et sa mère, Élisabeth, était une cousine de Marie, mère de Jésus. Jean-Baptiste savait que Dieu l'appelait à remplir un rôle bien particulier. Il se retira en ermite dans le désert. Vers 28 apr. J.-C., il commença à prêcher sur les bords du Jourdain. Il appelait les hommes à se repentir de leurs péchés et à recevoir le baptême. Il proclamait qu'il était le hérault du Seigneur, le messager qui annonce l'arrivée de son maître. Quand Jésus vint lui demander le baptême, il se sentit plein d'humilité mais aussi de joie, car il savait ainsi qu'il avait rempli sa mission. Plus tard, il condamna ouvertement Hérode qui avait divorcé pour épouser sa cousine Hérodias. Hérode, irrité et jaloux de sa popularité, le fit jeter en prison et décapiter.

Judas Iscariote

Judas Iscariote était le seul apôtre à ne pas venir de Galilée. Iscariote signifie "homme de Kerioth", un village de Judée. Judas jouait le rôle de trésorier pour les apôtres. Son amour de l'argent est peut-être la raison qui l'a poussé à trahir Jésus. Certains disent aussi qu'il croyait que Jésus était celui qui prendrait la tête d'un soulèvement politique contre les Romains et qu'en le faisant arrêter, il l'obligerait à se déclarer. Quelles qu'aient été ses raisons, Judas ressentit un si vif remords de ce qu'il avait fait, qu'il alla se pendre (Matthieu 27.3-5).

Marthe et Marie

Les deux sœurs Marthe et Marie vivaient avec leur frère Lazare dans le village de Béthanie, à côté de Jérusalem. C'était des amis de Jésus chez qui il aimait s'arrêter quand il allait à Jérusalem. Marthe a la réputation d'avoir été la personne pratique de la famille, tandis que Marie écoutait Jésus avec dévotion.

Joseph d'Arimatie

Joseph d'Arimatie était un disciple de Jésus mais par peur des autorités juives, il gardait sa foi secrète. Membre du conseil des Juifs, il n'avait pas voté pour la mort de Jésus, mais s'était bien gardé de prendre la parole pour le défendre. C'est seulement après sa crucifixion qu'il eut assez de courage pour faire connaître sa foi. Il alla bravement réclamer le corps de Jésus à Ponce Pilate pour l'enterrer dans le tombeau qu'il avait fait creuser pour lui-même et sa famille.

LA NOURRITURE

Jésus fut élevé dans une famille pauvre comme il en existait des milliers à la campagne. La nourriture se composait de pain fait à la maison, de fruits, de poisson, de légumes et d'œufs, avec du lait et du vin comme boisson.
Le petit déjeuner était une collation rapide. L'habitude était de prendre avec le lait de chèvre du pain, du raisin, des figues et des olives. Les travailleurs partaient tôt de chez eux, emportant de quoi manger pour la journée. Le repas de midi était une simple pause pour se rafraîchir et reprendre des forces. Le repas principal avait lieu le soir, une fois la journée de travail terminée. La famille prenait place sur des matelas ou des coussins autour d'un plat unique où tout le monde mangeait en se servant avec ses doigts. Les ragoûts de légumes et, parfois, de viande étaient un des mets préférés. Chez les gens riches on suivait la coutume romaine de s'allonger autour de la table. Il fallait alors s'appuyer sur le coude gauche pour manger de la main droite. Mais tous les Juifs respectaient très strictement les lois sacrées prescrites par la Bible. Il y avait toute une série de principes à observer sur la façon de choisir et de préparer les aliments. Aujourd'hui encore, les Juifs qui pratiquent leur religion s'y soumettent scrupuleusement.

Le pain

Le pain était l'essentiel de tous les repas. En hébreu, langue des Juifs, "manger du pain" signifie "prendre un repas". Seuls les riches pouvaient s'offrir du pain fait avec du blé. Les paysans mangeaient du pain d'orge. Les femmes devaient faire cuire du pain chaque jour, car sous le climat chaud d'Israël, il devenait vite rassis. Écraser les grains d'orge entre deux meules était un dur travail pour lequel il fallait mieux se mettre à deux (Luc 17.35). Le grain déjà moulu à l'aide de mulets ou de bœufs revenait trop cher pour la plupart des gens.

Une fois moulu, le grain était mélangé à de l'eau et du sel pour faire la pâte à pain que l'on pouvait cuire telle quelle pour faire le pain sans levain. Si l'on voulait faire lever la pâte, il fallait lui ajouter un peu de levain, de la pâte fermentée, gardée depuis la cuisson précédente (Luc 13.30-1).

Les petits pains ronds cuisaient facilement posés sur une plaque de terre au-dessus du feu. Les fours étaient construits en argile, en forme de cloche, et posés au-dessus du feu. Les galettes de pâtes à pain étaient placées à l'extérieur, sur les parois de la cloche, ou dessous, une fois le feu enlevé. Ces petits pains étaient rompus à la main. Chacun mangeait avec ses doigts directement dans le plat et se servait du pain pour prendre de la sauce, l'usage de la cuillère étant inconnu.

La vie au temps de Jésus

La boisson

Boire est une question de vie ou de mort dans un pays comme Israël où il fait très chaud. La plupart des familles étaient propriétaires d'une des chèvres du troupeau commun du village. Elle leur fournissait du lait et du fromage. Les brebis étaient élevées pour leur lait et leur laine. Le lait ne restait pas longtemps frais sous ce climat, mais les Juifs avaient l'habitude de boire le lait aigre qu'ils trouvaient plus rafraîchissant.

Certains fruits étaient cultivés pour leur jus et on faisait de la bière à partir de l'orge, mais le vin était de loin la boisson la plus populaire. Au pays de Jésus la vigne croissait partout. Ses branches pendantes étaient soutenues par des tuteurs ou par des arbres fruitiers. Chaque champ de vigne avait une tour de guet d'où un homme surveillait que ni voleur ni chacal ne vienne se servir de raisin. A l'époque des vendanges, toute la famille campait sur place, à pied d'œuvre pour couper les grappes. Les ânes lourdement chargés transportaient le raisin jusqu'au pressoir.

Une partie du raisin était mangée comme fruit frais, une partie mise de côté pour faire des raisins secs, et une autre bouillie, pour faire du miel, car le sucre était inconnu à cette époque. Le reste allait au pressoir, une fosse creusée dans le sol ou dans le rocher calcaire. Tout le monde foulait le raisin, pieds nus, en chantant pour se donner du cœur à l'ouvrage. Le jus ruisselait dans une fosse plus profonde. Il reposait jusqu'à ce que les peaux et la râpe tombent au fond. Alors, le vin était tiré et mis dans des jarres ou dans des outres qui étaient scellées (Marc 2.22). De l'eau était ajoutée au vin rouge. Cette boisson populaire était considérée comme un don de Dieu.

Les olives

Les vieux oliviers aux formes tourmentées faisaient partie du paysage, car ces arbres atteignaient souvent des âges avancés. La récolte des olives, au mois d'octobre, mettait fin à l'année agricole.

Quand les olives étaient encore vertes, on en cueillait une partie qui serait conservée dans de l'eau salée. Les autres, à pleine maturité, étaient projetées sur le sol à coups de gaules et ramassées pour être pressées.

Certaines olives n'étaient pas pressées, mais seulement écrasées de façon à ce que l'huile s'écoule d'elles peu à peu. C'est ainsi que se faisait la meilleure qualité d'huile, celle qui servait pour le culte dans les synagogues et à l'onction des malades (Marc 6.13).

La plus grande partie des olives étaient pressées dans un pressoir à huile fait d'un madrier coincé dans la meule et alourdi par des pierres. L'huile coulait des fruits écrasés dans des bacs et, plus tard, elle était gardée dans des jarres de terre.

L'huile d'olive avait des usages multiples : elle servait à faire la cuisine, à s'éclairer, à fabriquer des parfums, des onguents et des médicaments. Un olivier donnait suffisamment d'olives pour la consommation d'une famille pendant une année.

Les fruits

Les figuiers étaient aussi répandus que la vigne et les oliviers. Un figuier pouvait vivre pendant de très longues années et donnait trois récoltes par an. L'éclosion des bourgeons de figuier était le premier signe de l'arrivée de l'été. Ses grandes feuilles donnaient une ombre appréciée aux heures chaudes (Jean 1.48).

On mangeait beaucoup de dattes, soit fraîches, soit utilisées en pâtisserie. Les dattiers poussaient dans des terres bien arrosées, à Jéricho par exemple, il y en avait tant qu'on l'appelait la ville des palmiers. Les feuilles de palmiers servaient dans les fêtes religieuses et dans les processions (Jean 12.13-13).

Les grenades poussaient à l'état sauvage près de Cana une ville de Galilée que Jésus connaissait (Jean 2.1-2). Ces fruits roses, remplis de petites graines, donnent un jus amer qui servait de boisson et rentrait dans la composition de médicaments.

Le sel

Les Juifs se servaient d'herbes et d'épices pour assaisonner leur nourriture. Ils employaient la moutarde, la menthe, le coriandre, le safran, le cumin et la rue pour rehausser la saveur de leurs aliments. Noix, noisettes et pistaches étaient également utilisées. Mais seuls les riches pouvaient s'offrir le luxe du poivre et de la cannelle qui étaient importés des pays lointains. Les paysans mangeaient beaucoup d'ail, d'oignon et d'échalotte. Les gens riches mettaient des épices dans leur vin aussi bien que dans leur nourriture.

Mais tous, riches ou pauvres, avaient besoin de sel. C'est un aliment indispensable. Nous savons maintenant pourquoi l'organisme ne peut pas s'en passer, surtout dans les pays chauds où l'on transpire davantage.

Le sel était aussi un conservateur précieux indispensable dans un pays chaud. Il venait de la mer Morte qu'on appelait aussi la mer Salée. Il était récolté par évaporation ou extrait des falaises environnantes.

Viandes et volailles

Les lois sacrées de la religion juive ne permettaient de ne manger que la viande venant des animaux considérés comme "purs", c'est-à-dire, les ruminants aux sabots divisés, tels que moutons, chèvres et bœufs. Les animaux "impurs" et interdits sont ceux dont les sabots ne sont pas divisés, ou encore non-ruminants comme les porcs, les chiens, les chameaux, les chats. Le lait des animaux impurs était tout aussi interdit que leur viande. Les Grecs et les Romains étaient grands amateurs de viande de porc et offraient même des porcs en sacrifice à leurs dieux. Les Juifs ne voulaient à aucun prix avoir le moindre contact avec ces animaux.

Garder des porcs par exemple était une activité méprisable (Luc 15.13-16).

Les paysans n'étaient pas assez riches pour manger souvent de la viande. L'agneau pascal rôti à la broche était dans l'année une occasion tout à fait exceptionnelle de festoyer. La viande consommée à la campagne de façon courante provenait des chevreaux qui n'étaient pas chers. On ne tuait un mouton que pour les grandes occasions, mariage, anniversaire ou fête particulière. Les queues des moutons, constituées d'une réserve de graisse, étaient considérées comme un mets particulièrement délicat.

Les volailles consommables étaient les poules, les oies, les perdrix, les cailles et les pigeons.

La vie au temps de Jésus

Les poissons

Le poisson jouait un grand rôle surtout chez les paysans pour qui la viande était un luxe. La pêche occupait beaucoup de monde autour de la mer de Galilée. Les poissons les plus répandus dans ses eaux tièdes étaient la carpe, la perche, la brème et le saint-pierre. Ayant des écailles et des nageoires ces poissons-là étaient considérés comme consommables. En revanche les anguilles, les coquillages et toute créature rampante telle que crabe, langouste et escargot était interdite, de même que les huîtres. La plus grande partie du poisson pêché en mer de Galilée était salée sur place et expédiée vers les villes, à Jérusalem par exemple. Des poissons salés provenant de Galilée était exportés vers Rome et même vers l'Espagne.

Les légumes

L'alimentation des Juifs à l'époque de Jésus comportait beaucoup de légumes. Les plus courants étaient les haricots, les lentilles, les pois, la laitue, les oignons, les concombres, les courges et l'aïl. Tous ces légumes entraient dans la composition du ragoût épais qui était le plat favori des familles pour le repas de soir où tous se retrouvaient.

LES ENFANTS

Les Juifs aimaient beaucoup les enfants. Rester célibataire était pour eux un grand malheur mais il leur paraissait encore plus triste d'être marié et de ne pas avoir d'enfant. La naissance d'un enfant était accueillie avec joie et célébrée avec de nombreuses coutumes très anciennes, surtout s'il s'agissait d'un garçon premier-né. Le huitième jour après sa naissance, le petit garçon juif était circoncis. La circoncision, une petite opération au pénis, est la marque distinctive des Juifs. C'est ce jour-là que l'enfant recevait son nom.
Garçons et filles commençaient leur éducation à la maison. Leurs parents leur enseignaient l'histoire et les traditions de leur peuple. Les événements quotidiens avaient souvent un contenu religieux. Chaque semaine on respectait le Sabbat. De nombreuses fêtes religieuses émaillaient l'année. Les parents parlaient de Dieu à leurs enfants et leur faisaient apprendre par cœur des psaumes et des prières. Chaque enfant apprenait à lire un texte sacré qui correspondait au nom qui lui avait été donné.

Les écoles

Comme aujourd'hui, à l'époque de Jésus, l'école était obligatoire. Mais chez les Juifs, seuls les garçons allaient à l'école. Les filles restaient à la maison et recevaient l'enseignement de leur mère. Les garçons entraient à l'école à l'âge de six ans et y restaient jusqu'à douze ans. Leurs "livres de classe" étaient les textes sacrés de la Bible. Avant de commencer à les étudier, les jeunes garçons devaient apprendre à lire et écrire l'hébreu, car la langue dont il se servaient couramment était l'araméen.

Les grandes villes avaient de véritable écoles, mais le plus souvent la classe se passait dans la cour de la synagogue. Les enfants s'asseyaient en cercle autour du maître et traçaient leurs lettres dans le sable. Plus tard, ils apprenaient à lire et découvraient les textes sacrés. Parfois, un scribe, un spécialiste des Écritures Saintes, venait à l'école. Il interrogeait les élèves les plus âgés sur leurs connaissances et leur apportaient des éclaircissements sur la signification des textes sacrés.

L'école ne durait pas toute la journée. Les garçons devaient aussi apprendre un métier pour être en mesure de gagner leur vie quand ils seraient adultes. Pour la plupart, ils apprenaient le métier de leur père, travaillant avec lui dans son magasin ou son atelier.

La vie au temps de Jésus

Les jouets

Les jouets des enfants juifs ressemblaient aux jouets des enfants d'aujourd'hui. Seulement les lois sacrées de Moïse interdisaient de reproduire le visage humain. Les poupées des petites filles n'avaient donc pas de figure. C'était parfois de simples poupées de chiffon. D'autres avaient des bras et des jambes articulées, en terre cuite, que l'on pouvait manœuvrer avec des ficelles comme les marionnettes. Les petites filles avaient des petits meubles comme aujourd'hui dans les maisons de poupée, et on trouvait de l'argile facilement pour modeler des animaux ou des maisons.

Il y avait des toupies, des jeux de dés, des osselets et même un jeu qui ressemblait à notre jeu de dames.

Les jeux

Les enfants qui ne possédaient pas de jouets pouvaient cependant inventer des jeux. Ils jouaient beaucoup à la balle. Les plus jeunes jouaient à cache-cache, à la marelle, et à des jeux de poursuite. Les plus grands organisaient des charades et se posaient des devinettes.

Les garçons aimaient se faire des pipeaux dans des roseaux.

Les enfants juifs comme tous les garçons et toutes les filles du monde imitaient les adultes dans leurs jeux. Ils aimaient par-dessus tout jouer à organiser des mariages et des enterrements ce qui donnait lieu à de grands défilés sur la place du marché au son des tambours et des pipeaux. Tous les enfants du village venaient y prendre part, tapant des mains et dansant, chantant et riant, gémissant même pour les "enterrements".

LA VIE DE FAMILLE

La religion juive intervenait à chaque instant dans la vie quotidienne. Des lois particulières réglaient la façon de s'alimenter, et jusqu'à la manière de recevoir ses amis. De nombreuses fêtes religieuses venaient s'ajouter au Sabbat hebdomadaire. De grandes fêtes se déroulaient après les moissons. Les plus grandes réjouissances avaient lieu à l'occasion des mariages qui duraient plusieurs jours et auxquels tout le monde était invité.

La famille

Le père était le chef de famille et détenait toute l'autorité. A sa mort, le fils aîné héritait de la plus grande partie de ses biens et devenait à son tour chef de famille, selon le "droit d'aînesse." Les autres fils devaient prendre leur indépendance.

Les femmes tenaient la maison, faisaient la cuisine, filaient la laine et tissaient pour réaliser les vêtements. Elles allaient aussi chercher le bois pour le feu et l'eau qui manquait par moment, car il n'y avait pas de citernes. Des marchands d'eaux passaient dans les rues des grandes villes.

Les repas

Avant de commencer le repas principal, la famille assemblée en cercle sur des matelas, se lavait les mains et disait une prière de remerciements. Il n'y avait ni assiettes, ni couteaux ni fourchettes. La nourriture était présentée dans une grande jatte posée au centre de la table. Chacun se servait directement en employant sa main droite seulement (Marc 14.20). Le pain coupé à la main en petits morceaux servait à prendre de la sauce.

La naissance

Dans la religion juive, les enfants jouaient un grand rôle. Ils étaient des "dons de Dieu". Ne pas avoir d'enfant était considéré comme une punition du ciel. Les hommes avaient le droit de divorcer en répudiant leur femme si elle n'avait pas d'enfant. Les femmes répudiées vivaient dans la solitude, comme des veuves.

Les enfants étaient l'objet de soins attentifs et affectueux. Les fils étaient particulièrement bien accueillis car c'est eux qui héritaient. Le fils premier-né était le principal héritier. Si un homme mourait sans laisser d'héritier, une ancienne coutume voulait que son frère épouse sa veuve pour qu'il ait malgré tout un héritier et que son nom ne disparaisse pas.

Si une naissance survenait le jour du Sabbat, le médecin et la sage-femme avaient le droit de travailler. Le bébé qui venait de naître était lavé et frictionné avec du sel ce qui avait la réputation d'endurcir la peau. Ensuite, le bébé était étroitement emmailloté dans des bandelettes de tissu (Luc 2.7) pour que ses membres poussent bien droit. La mangeoire qui servait aux animaux la nuit faisait un berceau confortable pendant la journée pour les enfants en bas-âge.

La vie au temps de Jésus

Les mariages

Les mariages donnaient lieu à de grandes réjouissances qui duraient plusieurs jours. Ils se passaient généralement après la moisson, quand chacun était libéré des travaux des champs. Ce sont les parent qui arrangeaient les mariages et ils en décidaient quand leurs enfants étaient encore très jeunes. Les parents du jeune homme choisissaient la fiancée et offraient à ses parents une somme d'argent. Les fiançailles pouvaient alors avoir lieu. Les jeunes gens échangeaient solennellement une promesse de mariage devant leurs parents et deux témoins. Les fiançailles étaient un engagement aussi sérieux que le mariage lui-même. Des anneaux étaient échangés puis les fiancés recevaient la bénédiction de leurs parents.

Après les fiançailles qui duraient un an, le mariage était célébré. Les amis du marié escortaient en procession la mariée du domicile de ses parents à celui de son époux, à la lueur des lampes à huile tenues par les amies de la jeune fille. Celle-ci emportait avec elle son trousseau : ses vêtements et ses bijoux.

Si elle appartenait à une famille aisée, elle pouvait aussi recevoir une pièce de terre en dot. Tout le village chantant et dansant se joignait à la joyeuse procession. On jetait des noisettes et des fleurs sur les mariés. Puis, tous deux prenaient place sous un dais pour le repas nuptial qui scellait leur union. Les festivités duraient toute la semaine suivante. Enfin, le jeune couple s'installait.

Les enterrements

Les enterrements avaient lieu vingt-quatre heures après la mort. Une fois lavé, le corps était frotté d'huile parfumée et d'épices, puis enveloppé dans un linceul. Les tombes étaient le plus souvent creusées dans le roc et fermées par un gros bloc de pierre que l'on faisait rouler devant l'entrée.

La musique

La musique jouait un rôle important dans toutes les cérémonies, spécialement aux mariages et aux enterrements et dans les fêtes religieuses et folkloriques. On frappait des mains et des pieds pour l'accompagner. Les instruments de musique étaient rudimentaires. Il y avait une série d'instruments à cordes, en particulier des harpes, des luths et des lyres. Les principaux instruments à vent étaient les trompettes, les flûtes et les fifres. Tambours, tambourins et cymbales donnaient le rythme. De petits orchestres combinaient ces sonorités avec les chants des chœurs.

Juifs et gentils

Tous ceux qui ne partageaient pas la religion des Juifs étaient des "gentils". De nombreuses règles indiquaient aux Juifs la conduite qu'ils devaient avoir vis-à-vis des gentils. Ils croyaient que les adorateurs de dieux païens tels que les Grecs et les Romains étaient impurs.

Si un Juif pénétrait chez un gentil, même pour une raison grave, il était considéré comme impur jusqu'à la nuit. Si un gentil pénétrait chez un Juif, il ne fallait jamais le laisser seul dans une pièce.

Il était interdit à un Juif de louer ou de vendre une maison à un gentil de peur qu'il ne s'y livre à un culte païen. On ne pouvait pas non plus lui céder une terre sur laquelle il aurait pu construire un temple païen. A l'approche des fêtes religieuses, les Juifs devaient cesser tout commerce avec les gentils pour qu'il n'y ait aucun risque que l'argent des gentils serve à financer les cérémonies.

LES ANIMAUX

Au temps de la Bible, la Palestine était un pays bien plus verdoyant qu'aujourd'hui. De nombreux animaux sauvages y vivaient en liberté. Les épaisses forêts qui poussaient le long du Jourdain abritaient des lions, des léopards et des lynx. A l'époque de Jésus il n'en restait déjà presque plus. Les arbres avaient été coupés et les fauves livrés aux gladiateurs romains qui se mesuraient avec eux dans les arênes. Les Juifs élevaient des animaux domestiques pour les travaux des champs, la nourriture et le cuir. Selon les principes de leur religion, ils considéraient certains animaux comme "impurs."

Les oiseaux

Il y avait environ trois cents espèces d'oiseaux en Palestine. Les plus répandus étaient les tourterelles, les perdrix, les aigles et les hiboux. Aigles et vautours étaient aussi bien connus. Les oiseaux migrateurs comprenaient les hirondelles, les hérons, les cigognes, les grues et les cailles dont la chair fine était très appréciée.

Les animaux domestiques

Les bœufs et les ânes étaient employés aux travaux des champs. Les bœufs coûtaient très cher et si un fermier n'en avait qu'un, il attelait aussi son âne à la charrue.

Les ânes servaient à faire tourner les meules et à transporter toutes les lourdes charges. Les gens se déplaçaient à dos d'âne. Même les familles les plus pauvres en possédaient un. Les chevaux étaient rares et coûteux. Ils étaient utilisés par l'armée. En Palestine, ceux qui montaient à cheval étaient les officiers romains. Pour traverser le désert, les marchands prenaient des dromadaires qui pouvaient parcourir cinquante kilomètres par jour en portant d'énormes fardeaux grâce aux réserves constituées dans leur bosse. Les chèvres, aussi répandues que les moutons, étaient mêlées à eux en un seul troupeau. Toutes les familles possédaient au moins une chèvre qui leur fournissait du lait avec lequel on faisait du beurre et du fromage.

Les autres animaux

Il y avait aussi des chèvres sauvages à longues cornes appelées bouquetins, des sangliers, et des bœufs sauvages. Les autres animaux de grande taille étaient les antilopes et les gazelles. Comme animaux sauvages plus petits on trouvait des souris, des lièvres, des hérissons et des porcs-épics. Dans les régions désertiques vivaient les lézards, les serpents et les scorpions. Les insectes les plus courants étaient les papillons, les sauterelles et les locustes qui causaient de graves ravages dans les cultures.

Les prédateurs

Les bergers devaient défendre leurs troupeaux contre les chacals, les loups, les ours et même les lions et les léopards. Il fallait surveiller les champs de vigne et les poulaillers qui attiraient les chacals et les renards (Luc 9.58). Les chiens n'étaient pas des animaux domestiques pour les Juifs. Comme les hyènes, les chiens, à l'état sauvage, erraient en liberté mangeant ce qu'ils pouvaient trouver.

LA MÉDECINE

La médecine que nous connaissons aujourd'hui repose sur des connaissances scientifiques modernes. Mais autrefois des peuples comme les Babyloniens, les Égyptiens, les Grecs et les Romains savaient soigner les malades. Ils avaient des chirurgiens, des médecins, des dentistes, des hôpitaux et des médicaments. Pour tous ces peuples, si un malade guérissait, c'était par la grâce des dieux. Les médecins étaient des prêtres et les temples, des hôpitaux. La cause de la maladie ne pouvait être qu'un maléfice des démons, à moins que ce ne fût une punition des dieux pour une mauvaise action.

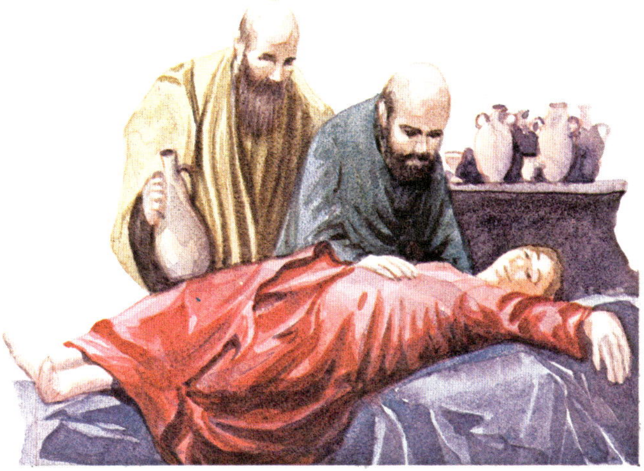

Les prescriptions bibliques

La Bible comporte une série de principes que les Juifs doivent observer pour vivre sainement en accord avec leur religion. Il existe des règles strictes pour le choix et la préparation des aliments, l'hygiène des hommes et des femmes et la lutte contre les épidémies.

A l'époque de Jésus si un homme était atteint de lépre, c'est le prêtre qui décidait de l'envoyer en quarantaine et qui pouvait ensuite lui donner l'autorisation de retourner chez lui. (Il ne s'agissait pas de la maladie que nous appelons la lèpre mais d'une maladie de peau qui se soignait).

S'il était interdit de toucher à un cadavre, c'est aussi pour des raisons d'hygiène. Dans la parabole du Bon Samaritain que Jésus a racontée, nous voyons le prêtre et le lévite s'écarter au plus vite du blessé. Ils respectaient ainsi la loi sacrée, car l'homme pouvait être mort (Luc 10-32).

Les médicaments

Dans la parabole du Bon Samaritain, celui-ci soigne l'homme blessé avec du vin et de l'huile (Luc 10.33-34). Le vin tenait lieu d'antiseptique et servait à nettoyer les blessures. L'huile calmait la douleur des contusions et accélérait la cicatrisation.

Les Juifs avaient beaucoup de médicaments et connaissaient un traitement pour chaque maladie. Ils faisaient leurs médicaments à partir d'herbes, d'épices, de fruits, de feuilles, de matières minérales et de vin. Nombre de ces médicaments naturels ressemblent beaucoup à ceux que nous connaissons encore aujourd'hui.

On fabriquait avec les figues des emplâtres pour soigner les furoncles. Les propriétés des eaux minérales étaient déjà connues.

Les liens entre l'esprit et le corps

Depuis les âges les plus reculés, les hommes se sont rendu compte que les maladies du corps ont souvent pour origine un malaise au niveau de l'esprit. Il était courant à l'époque de Jésus d'essayer d'agir sur l'esprit par toutes sortes de procédés. Des magiciens prétendaient faire des miracles avec des incantations et des potions aux pouvoirs surnaturels. Mais, quand Jésus guérissait les malades qu'on lui amenait, il leur demandait de garder le secret. Il ne cherchait pas à attirer les gens par des miracles. Il soulageait les malades parce qu'il en avait pitié. Il portait ainsi témoignage de la bonté de Dieu.

Index

LE MONDE DE JÉSUS

Personnages

Religion

Romains

Vêtements

LES HISTOIRES QUE JÉSUS RACONTAIT

Les paraboles

« Loi n° 49-956 du 16 juillet 1949 sur les publications destinées à la jeunesse ».
Dépôt légal : 1e trimestre 1981 — Deux Coq d'Or éditeur, n° Ĭ.7516-12-80 — Imprimé en Italie. (2)

JUDÉE
Emmaüs
Jéricho
Jérusalem
Béthanie
Bethléem
Qumran
Hebron
N
0 5 10 20 25 30 35
échelle en kilomètres
0 5 10 15 20 25
échelle en milles
Mer Morte
Carte de Jérusalem
N
Gethsémani
Golgotha
Le Temple
Mont des Oliviers
Forum
Théâtre